Eugen Härtel

Entwicklung eines Leitfadens für das Software-Asset-Management in mittelständischen und Großunternehmen mit Schwerpunkt auf dem korrekten Umgang mit Softwarelizenzen

GRIN Verlag

Bibliografische Information der Deutschen Nationalbibliothek:

Die Deutsche Bibliothek verzeichnet diese Publikation in der Deutschen National-
bibliografie; detaillierte bibliografische Daten sind im Internet über http://dnb.d-
nb.de/ abrufbar.

Impressum:

Copyright © 2015 GRIN Verlag, Open Publishing GmbH
Druck und Bindung: Books on Demand GmbH, Norderstedt Germany
ISBN: 978-3-668-01473-2

GRIN - Your knowledge has value

Der GRIN Verlag publiziert seit 1998 wissenschaftliche Arbeiten von Studenten, Hochschullehrern und anderen Akademikern als eBook und gedrucktes Buch. Die Verlagswebsite www.grin.com ist die ideale Plattform zur Veröffentlichung von Hausarbeiten, Abschlussarbeiten, wissenschaftlichen Aufsätzen, Dissertationen und Fachbüchern.

Besuchen Sie uns im Internet:

http://www.grin.com/

http://www.facebook.com/grincom

http://www.twitter.com/grin_com

Fachhochschule Köln
Cologne University of Applied Sciences
Campus Gummersbach
Fakultät für Informatik und Ingenieurwissenschaften

Fachhochschule Dortmund
University of Applied Sciences and Arts
Fachbereich Informatik
Verbundstudiengang Wirtschaftsinformatik

Masterthesis

zur Erlangung des Mastergrades

Master of Science

in der Fachrichtung Informatik

„Entwicklung eines Leitfadens für das Software-Asset-Management in mittelständischen und Großunternehmen mit Schwerpunkt auf dem korrekten Umgang mit Softwarelizenzen"

Autor: Eugen Härtel

Datum   31.05.2015

Inhaltsverzeichnis

Abbildungsverzeichnis

Tabellenverzeichnis

Abkürzungsverzeichnis

Abb.	Abbildung
BDSG	Bundesdatenschutzgesetz
BSA	Business Software Alliance
bzw.	beziehungsweise
CAL	Client Access License
CEO	Chief Executive Officer
CFO	Chief Financial Office
CIO	Chief Information Office
CMDB	Configuration Management Database
CMMI	Capability Maturity Model Integration
CPU	Central Processing Unit
d. h.	das heißt
DIN	Deutsches Institut für Normung
EDV	Elektronische Datenverarbeitung
etc.	et cetera
ggfs.	gegebenfalls
IKS	Internes Kontrollsystem
ISO	International Organization for Standardization
IT	Informationstechnologie
ITIL	IT Infrastructure Library
KPI	Key Perfomance Indicator
Lima	Lizenzmanagement
M&A	Mergers & Acquisitions
OEM	Original Equipment Manufacturer
PC	Personal Computer
PDCA	Plan-Do-Check-Act
PVU	Processor Value Unit
RACI	Responsible-Accountable-Consulted-Infomed
SaaS	Software-as-a-Service
SAM	Software-Asset-Management
SOM	SAM Optimization Model
SOX	Sarbanes-Oxley-Act
u. a.	unter anderem
UrhG	Urheberrechtsgesetz
z. B.	zum Beispiel

1   Einleitung

In den vergangen Jahrzehnten hat uns keine andere Technologie so geprägt wie die Informationstechnologie (IT). Die Erfindung des Computers und die damit zusammenhängende, digitalisierte Verarbeitung von Informationen haben auf vielen Gebieten einen Quantensprung ausgelöst. Computer sind aus dem heutigen Arbeitsleben nicht mehr wegzudenken. Es ist jedoch nicht die Hardware des Computers, die einen direkten Einfluss auf den Nutzen für das Unternehmen hat, es ist vor allem die Software. Die Software steht sinnbildlich für alle datenverarbeitenden Anwendungen und hat eine tiefgehende Verankerung in allen Geschäftsprozessen. Ein Unternehmen kann heute seinem Geschäft ohne Software nicht nachgehen. Die Nutzung von Software ist die elementare Voraussetzung für den Geschäftserfolg. Um Software nutzen zu können brauchen Unternehmen eine Erlaubnis vom Softwarehersteller. Diese Erlaubnis wird in Form einer Lizenz, mit Bedingungen und definierten Rechten, an die Unternehmen ausgestellt. Die Abhängigkeit von Lizenzen, Software und dem eigentlichen Geschäftsbetrieb wird in der unteren Grafik abgebildet. Aus wirtschaftlicher Sicht ist es immens wichtig den Betrieb des Unternehmens durch ausreichende und korrekte Lizenzierung sicherzustellen.

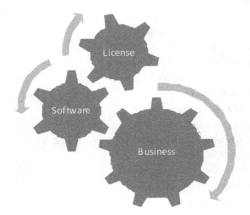

Abb. 1 Bedeutung der Software-Lizenzen[1]

Die hohe Verankerung der Software in allen Geschäftsprozessen hat eine enorme Steigerung der Kosten im Betrieb und Wartung der Computersysteme und darauf lau-

---

[1] Concessau, Why focus on Software License Management, S.2

fender Anwendungen zur Folge. Aufgrund von Anpassungen und Erweiterungen des IT-Portfolios an sich ständig ändernde Marktbedingungen sind Unternehmen gezwungen immer mehr Geld in die Entwicklung der IT zu investieren, um Softwaresysteme stabil und lauffähig zu halten. Der wirtschaftliche Druck der vergangenen Jahre und die stetig wachsende Konkurrenz aufgrund globaler Märkte erfordern ein hohes Kostenbewusstsein. Da IT-Kosten schon seit Längerem zu mehr als einem Drittel aus den Kosten für neue Software oder Software-Wartungsgebühren bestehen[2], sind Unternehmen gezwungen auch diesen Kostenblock zu analysieren und Einsparpotentiale zu ermitteln.

An dieser Stelle eröffnet sich ein Spannungsfeld, welches den Umgang mit Software in der Gegenwart und Zukunft erschwert und weiterhin erschweren wird. Die Kostenoptimierung der Softwarenutzer wird gleichzeitig zu einem Rückgang der Einnahmen auf der Seite der Softwarehersteller und Softwareanbieter führen. Diese sehen sich gezwungen den Wegfall der Einnahmen durch andere Quellen zu kompensieren. Dazu gehören z. B. Überprüfungen des Softwareeinsatzes bei den Unternehmen im Rahmen von Audits. Diese sollen Lizenzverstöße identifizieren und so die verlorenen Einnahmen wieder einbringen. Laut einer durchgeführten Gartner-Studie hat sich die Wahrscheinlichkeit durch einen Softwarehersteller auditiert zu werden, von 35% im Jahr 2007 zu 65% im Jahr 2011 nahezu verdoppelt[3]. Heute kann durchaus von höheren Prozentzahlen ausgegangen werden. Die hohe Aufmerksamkeit der Hersteller und die regelmäßige Überprüfung der Nutzung verursachen auf beiden Seiten den Bedarf und den Wunsch die Lizenzbestimmungen möglichst genau zu definieren und festzuschreiben. Hier sind die Software-Anwender, also Unternehmen, die die Software nutzen, in einer nachteiligen Position. Sie können auf die Nutzungsbestimmungen nur reagieren und müssen das einhalten, was der Hersteller vorgibt. Aufgrund der Agilität und der sehr raschen Entwicklung der IT, ändern sich die Programme und die Versionen stetig und verursachen eine ebenso ständige Änderungen der Nutzungsbedingungen. Da ein Unternehmen meistens unterschiedliche Software von verschiedenen Softwareherstellern einsetzt, bewirkt dieses Maß an Komplexität einen enormen Aufwand in der Verwaltung der Software. Hinzu kommt noch die Schwierigkeit, dass Software ein immaterielles Gut ist und aus diesem Grund sehr schwer inventarisiert und verwaltet werden kann. Unternehmen stehen daher vor einer enormen Herausforderung. Auf der einen Seite sind sie durch die Lizenzbestimmungen an gewisse Regeln und Richtlinien gebunden und müssen sich im schlimmsten Falle auch vor Gericht verantworten. Auf der anderen Seite können sie aufgrund der Schnelllebigkeit und der vielen Veränderungen

---

[2] Vgl. Groll, 1x1 des Lizenzmanagements, S. XII
[3] Vgl. Deas, u.a., Software Asset Management

in den IT-Landschaften keine vollends korrekte, punktuelle Aussage zu der aktuellen Lizenzsituation machen. Der Kostendruck sowohl auf der Seite der Lizenzausgaben als auch bei den Ausgaben für die Sicherstellung einer korrekten Nutzung der Software ist in der heutigen wirtschaftlichen Lage sehr hoch und trägt zur Intensivierung der Situation bei. Alle Unternehmen, insbesondere die mittelständischen und großen Unterhemen, müssen sich daher in diesem Spannungsfeld bewegen und sich die Frage stellen, wie sie mit der eingesetzten Software richtig umgehen können. Diese Herausforderungen gilt es unter Befolgung des Wirtschaftlichkeitsprinzips zu meistern.

1.1 Ziele der Arbeit

Die vorliegende Master-Thesis bietet eine wissenschaftliche Einführung in das Thema Software-Asset-Management (SAM) und soll Unternehmen helfen ihre Kompetenzen und ihren Reifegrad im Umgang mit Software-Assets zu optimieren. Vordergründig ist diese Arbeit an mittlere und große Unternehmen gerichtet, die global tätig sind. Diese sind in der aktuellen Situation von den in der Einleitung erwähnten Problemen am meisten betroffen. Sie stehen nämlich im Fokus der stetig wachsenden Anzahl von Audits und somit im erläuterten Spannungsfeld. Mit dieser Arbeit werden drei wesentliche Ziele verfolgt. Zum einen dient die Arbeit dazu das Thema Software-Asset-Management allumfänglich darzustellen und die Probleme, Herausforderungen, Ziele und Lösungen zu erläutern. Als zweites Ziel soll ein Bewertungsverfahren hergeleitet werden, wie der Reifegrad des Software-Asset-Managements in einem Unternehmen bestimmt werden kann. Die Bewertungsmatrix soll eine korrekte Einschätzung ermöglichen und Aussagen über die Schwächen und Stärken geben. Hierzu werden gängige Reifegradmodelle analysiert und miteinander verglichen. Das dritte und wichtigste Ziel dieser Arbeit besteht darin den Unternehmen eine Antwort auf die folgende Fragestellung zu geben: Wie können Unternehmen ihren Umgang mit Software-Assets optimieren, um den Herausforderungen der aktuellen Situation gewachsen zu sein? Um diese Frage zu beantworten, wird in dieser Ausarbeitung eine Schritt-für-Schritt-Anleitung, ein sogenannter Leitfaden entwickelt. Diese Anleitung wird einen möglichen Entwicklungspfad aufzeigen, wie Unternehmen ein ganzheitliches SAM-Programm etablieren und weiter optimieren können. Durch diesen Leitfaden und durch die Bewertungsmatrix werden Unternehmen in die Lage versetzt ihren aktuellen Umgang mit Software-Assets zu analysieren und daraus Maßnahmen ableiten zu können, wie der Umgang mit diesen Assets verbessert werden kann. Durch die Optimierung ergeben sich folgende strategische Vorteile:

1. Transparenz: Durch die Analyse des Software-Asset-Managements gewinnt das Unternehmen viele neue Erkenntnisse und kann daraus weitere Optimierungen und Vereinfachungen generieren.

2. Kostensenkungen: Ein optimales SAM erkennt Einsparungspotentiale und hilft bei der Beschaffung, Nutzung und Stilllegung von Software Kosten einzusparen.

3. Compliance: Der korrekte Umgang mit Software-Lizenzen bewahrt vor negativen Ergebnissen im Falle eines Audits und sichert die rechtmäßige Nutzung. Das rechtliche Risiko wird deutlich minimiert.

1.2 Vorgehensweise

Zu Beginn dieser Arbeit werden die wichtigsten Grundlagen erläutert, die dem besseren Verständnis der Materie dienen und einen Einstieg in die gesamte Thematik ermöglichen. Dies ist zum einen das große Feld der Compliance. Compliance wird aus den IT-relevanten Gesichtspunkten beleuchtet und Anforderungen an das Software-Asset-Management werden daraus abgeleitet. Im zweiten Grundlagenkapitel wird Software-Asset-Management als Teildisziplin der IT-Organisation dargestellt und mit allen Facetten erörtert. Es werden die wichtigsten Techniken, Normen, Prozesse, Problemstellungen und Potentiale erläutert, um einen Gesamtüberblick zu diesem Thema zu geben. Der letzte Teil der Grundlagen beschäftigt sich mit Software-Lizenzen und gibt einen Überblick über die unterschiedlichen Lizenzformen, die Software-Typen, die Metriken und die bestehenden Lizenzmodelle. Es werden Erkenntnisse für die Unternehmen geschaffen, welchen Herausforderungen im Bereich der Software-Lizenzierung sie sich zu stellen haben und wie sie die Vielfalt der unterschiedlichen Typen besser verwalten können.

Auf den Grundlagen aufbauend wird sich die Arbeit mit Reifegradmodellen im Software-Asset-Management auseinandersetzen. Es werden die am Markt und in der Praxis vorhandenen Reifegradmodelle analysiert und bewertet. Diesem Kapitel kommt eine hohe Bedeutung zu, da Unternehmen nur durch eine korrekte Analyse des eigenen Reifegrades im Umgang mit Software-Assets Schritte zur weiteren Optimierung ableiten können. Am Ende dieses Kapitels werden die wichtigsten Aspekte der untersuchten Reifegradmodelle miteinander verglichen und ausgewählte Kriterien in ein hybrides Bewertungsmodell überführt und ergänzt. Das Ziel ist es ein möglichst objektives Reifegradmodell zu entwickeln.

Im Hauptkapitel, der Entwicklung des Leitfadens, geht es um eine schrittweise Empfehlung möglicher Optimierungen im Umgang mit Software-Assets. Aus den wichtigsten

Erkenntnissen der Reifegradkriterien des vorherigen Kapitels werden Entwicklungsstufen abgeleitet, die bestimmte Maßnahmen empfehlen, um zur nächsten Stufe des Reifegradmodells aufzusteigen. In die Entwicklung dieses Leitfadens fließen sowohl die Ergebnisse der Grundlagenkapitel, als auch die Analyse der aktuellen Herausforderungen am Markt ein. Das Ziel ist es den Unternehmen einen Weg aufzuzeigen, wie die Verwaltung der Software-Assets im übertragenen Sinne und der Umgang mit Software-Lizenzen im eigentlichen Sinne verbessert werden kann und welche Vorteile sich daraus ergeben.

Im letzten Kapitel der Masterthesis werden die wichtigsten Ergebnisse zusammengefasst und ein Gesamtbild des erstellten Leitfadens visualisiert. Zusätzlich wird ein Ausblick gegeben mit welchen Herausforderungen sich die Unternehmen in Zukunft noch intensiver auseinander setzen müssen. Denn aufkommende, neue IT-Technologien erschweren den Umgang mit Software-Assets und erfordern eine stetige Überprüfung und Verbesserung des Software-Asset-Managements.

2 Grundlagen - Compliance

2.1 Corporate Compliance

2.1.1 Begrifflichkeiten und Zweck der Compliance

Ende des 20. und Anfang des 21. Jahrhunderts gab es in der Weltwirtschaft einige spektakuläre Unternehmenspleiten, die auf einen Betrug von Bilanzsummen oder Verschleierung von Verlusten zurückzuführen sind. Als prominentes Beispiel können an dieser Stelle zwei Unternehmen aufgeführt werden, die nach der Aufdeckung der Betrugsfälle Insolvenz anmelden mussten. Das Unternehmen Enron gehörte Ende der 90er Jahre zu den größten Energieunternehmen der USA und erlitt aufgrund starker Expansionsbestrebungen und des Absinkens der Energiepreise starke Verluste. Diese Verluste wurden intern durch diverse Maßnahmen verschleiert, um die Bilanzsumme künstlich zu verbessern. Diese Maßnahmen waren nur möglich, da interne Kontrollsysteme unzureichend entwickelt waren und die Entscheidungsträger so einen großen Spielraum bei der Ausgestaltung hatten. Nach Anmeldung der Insolvenz 2001 wurden diese Machenschaften aufgedeckt und die Verantwortlichen zur Rechenschaft gezogen. Ein anderes prominentes Beispiel ist der Untergang einer der größten Telefongesellschaft der Welt im Jahr 2002: Worldcom. Auch hier wurde die negative Bilanzsumme, die sich aus den schwierigen Konjunkturzeiten und Fehlinvestitionen ergab, durch Falschausweise verschleiert. Die Durchführung dieses Betrugs ist ebenfalls auf fehlende Kontrollsysteme und die große Macht von Unternehmenseignern und Managern zurückzuführen. Diese und noch andere Pleiten waren der Auslöser für die Forderung nach mehr Transparenz durch die Gesetzgeber und Aufsichtsbehörden. Es entwickelte sich der Trend, Unternehmen über regulatorische Vorgaben und Anforderungen zu einer transparenten Unternehmensführung zu bewegen und so wieder mehr Vertrauen in die Märkte zu bringen[4]. Die Erfüllung solcher Anforderungen und Vorgaben wird als Compliance bezeichnet. Sie ist ein Ziel unternehmerischen Handelns, da die Nichteinhaltung zu Risiken für das Unternehmen und dessen Management führen kann.

Als Reaktion auf die kriminellen Praktiken in der Betriebsführung wurden national und international neue Gesetze und Regulierungen geschaffen, denen vom Manager bis zum normalen Mitarbeiter alle unterliegen. Nicht selten wurden darüber hinaus aus Eigeninteresse unternehmensspezifische Regeln aufgestellt, die ebenfalls unter den

---

[4] Vgl. Dietzfelbinger, Praxisleitfaden Unternehmensethik, S. 299.

Aspekt der Compliance fallen und von den Unternehmen befolgt werden. Schneider definiert in einem Zeitschriftenbeitrag die Compliance folgendermaßen:

„Compliance umfasst die Gesamtheit aller Maßnahmen, um das rechtmäßige Verhalten aller Unternehmen, ihrer Organmitglieder, ihrer nahen Angehörigen und der Mitarbeiter im Blick auf alle gesetzlichen Gebote und Verbote zu gewährleisten."[5]

Die folgende Tabelle gibt einen Überblick über bestehende Gesetze und externe Regelwerke:

Kurzbezeichnung	Bezeichnung bzw. Anwendungsbereich
Basel II	Eigenkapitalvorschrift des Basler Ausschusses für Bankenaufsicht
KonTraG	Gesetz zur Kontrolle und Transparenz im Unternehmensbereich
MaRisk	Mindestanforderung an das Risikomanagement
SOX	Sarbanes-Oxley-Act
IAS	International Accounting Standards
Solvency II	Rahmenwerk für Versicherungsaufsicht

Tab. 1 Für Compliance relevante Gesetze und Regelwerke[6]

Darüber hinaus existieren noch weitere Regelwerke und Gesetze, wie etwa das Bundesdatenschutzgesetz (BDSG), der ISO-Standard 17799, aber auch das für das Software-Asset-Management wichtige Urheberrechtsgesetz (UrhG). Alle genannten Gesetze zielen im Groben darauf ab, die Unternehmen zu einem Einsatz von Risikomanagementsystemen und internen Kontrollsystemen (IKS) zu bewegen. Dadurch soll die Sicherheit und Transparenz im Unternehmen gestärkt und gefördert werden und damit der Fortbestand und die Entwicklung des Unternehmens sichergestellt werden.

2.1.2 Risikopotential

Verstärkt wurde der Fokus auf das Compliance-Thema durch weitere aufkommende Skandale, wie die Schmiergeldaffäre bei Siemens, die Korruptionsaffäre bei Volkswagen oder die Mitarbeiterüberwachung bei Lidl. Es wurde deutlich, dass die Nichtbeachtung der Compliance-Regeln nicht nur wirtschaftlich-rechtliche Schäden mit sich führt,

---

[5] Schneider, ZIP, 15/2003, S. 646
[6] Vgl. Stahl, IT-Sicherheit, Grundlagen des IT-Risikomanagements, S. 29

sondern vor allem auch das Ansehen des Unternehmens gefährdet. Ein Verstoß gegen die Compliance-Richtlinien, ob intern oder extern, kann für das Unternehmen dramatische Folgen haben und bis zu strafrechtlichen Maßnahmen gegen Management und Mitarbeiter führen.[7] Untenstehend werden einige wichtige Konsequenzen für die Nichteinhaltung aufgeführt.[8]

- Gefährdung des Unternehmens durch negative Berichte in den Medien über Missstände im Unternehmen
- Werteverfall für die Shareholder
- Eingreifen des Aufsichtsrates und Aufsichtsbehörden
- Vergabesperre und „Blacklisting" für künftige Aufträge
- Betriebsstilllegung
- Unternehmenskrise, Gefährdung der Arbeitsplätze
- Bußgelder bis zu 10% des Konzernumsatzes
- Verfall des mit inkriminierten Geschäften erzielten Gewinns an die Staatskasse
- Untersuchungshaft und Freiheitsstrafen für Manager
- Geldstrafen für Management und Unternehmen
- Einstweilige Verfügungen gegen die Durchführung einzelner Geschäftsaktivitäten
- Pfändung von Bankkonten
- Schadensersatzforderungen durch Kunden, Wettbewerber und Verbraucher
- Aufwändige Beschäftigung des Managements mit Verteidigungsaktivitäten zu Lasten der Konzentration auf das Geschäft
- Bedrohung der beruflichen Existenz der Organmitglieder

2.1.3 Elemente der Compliance in einem Unternehmen

Die oben genannten Konsequenzen gilt es der Sicht des Unternehmens zu vermeiden, da diese Punkte einen potentiellen Schaden bedeuten. Dieser Schaden kann gemeinsam mit einer vorhandenen Bedrohung (Fahrlässigkeit, Vorsatz oder organisatorische Mängel) und einer gewissen Eintrittswahrscheinlichkeit als Risiko für das Unternehmen definiert werden. Das große Ziel der Compliance ist es dieses Risiko zu minimieren und die genannten potentiellen Schäden abzuwenden. Hierzu müssen Sicherheitsmaßnahmen ergriffen werden, die der Unternehmensleitung helfen, die Risiken zu überwachen und zu managen.

---

[7] Vgl. Wecker, Compliance in der Unternehmenspraxis, S.9
[8] Vgl. Wecker, Compliance in der Unternehmenspraxis, S.9f

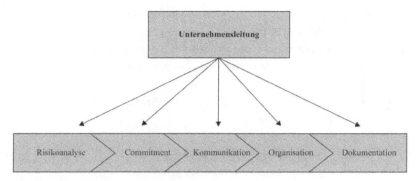

Abb. 2 Elemente der Compliance[9]

Zur Konkretisierung und Einordnung der Sicherheitsmaßnahmen können die fünf Elemente aus dem obigen Schaubild herangezogen werden. Dies sind die organisatorischen Kernbereiche der Compliance, mit denen die Unternehmensleitung die Compliance durch Definition und Überwachung von Maßnahmen steuern kann. Compliance ist in erster Linie die Aufgabe der Geschäftsführung. Die Geschäftsführung hat dafür Sorge zu tragen, dass Compliance als Prozess im gesamten Unternehmen gelebt wird und von allen Mitarbeitern befolgt wird, um rechtliche und wirtschaftliche Risiken zu minimieren. Die Risikominimierung erfordert eine etablierte Risikoanalyse, die sich mit der Identifikation und der Einschätzung des Risikos beschäftigt. Erst wenn die Risiken, die potentielle Schäden hervorrufen können, identifiziert sind, können präventive Maßnahmen ergriffen werden. Im zweiten Schritt ist eine klare Positionierung der Unternehmensleitung notwendig. Compliance-Bestrebungen dürfen nicht nur auf dem Papier bestehen, sondern müssen von der Geschäftsführung vorgelebt werden.[10] Nur so können die Mitarbeiter und die externen Interessensvertreter von der Einhaltung aller Regelwerke überzeugt werden. Im nächsten Schritt muss genau diese Haltung publik gemacht werden und sowohl intern, als auch extern kommuniziert werden. Üblicherweise machen es Unternehmen durch die Verabschiedung eines „Mission Statement" seitens der Geschäftsführung oder durch das Verfassen und Publizieren eines eigenen internen Regelwerks, wie z. B. eines Code of Conduct. Weitere Maßnahmen könnten regelmäßige Schulungen der Mitarbeiter sein, wie sie bei Siemens nach der Schmiergeldaffäre eingeführt worden sind. Zur Nachverfolgung und der ständigen Überprüfung der Compliance ist es ratsam eine speziell dafür vorgesehene Organisation im Unternehmen aufzubauen. Dieses könnte die Einsetzung eines Compliance-Beauftragten

---

[9] Wecker, Compliance in der Unternehmenspraxis, S.12
[10] Vgl. Schneider, ZIP 15/2003, 645, 647

oder die Einrichtung einer ganzen Compliance-Abteilung bedeuten.[11] Aufgaben dieser Organisation bestehen in der Nachverfolgung aller Compliance-Aktivitäten und der konstanten Weiterentwicklung der Compliance im gesamten Unternehmen. Das wichtigste Ziel der Compliance, die Reduzierung der Risiken durch Schaffung von Transparenz, wird mit dem letzten Element abgeschlossen. Das Unternehmen erweist sich erst dann als glaubwürdig, wenn es die Einhaltung der diversen Regelungen auch tatsächlich nachweisen kann. Dies erfolgt durch die Dokumentation aller Entscheidungen, Prozesse und Maßnahmen. In der Praxis wird diese Dokumentation in ein internes Kontrollsystem integriert und so in einem regelmäßigen Prozess an die Interessensvertreter berichtet. Als IKS wird die „Gesamtheit aller aufeinander abgestimmten und miteinander verbundenen Kontrollen, Maßnahmen und Regelungen"[12] bezeichnet. Die fünf Kernbereiche der Compliance stehen in einer ständigen Wechselwirkung miteinander und können in einem Unternehmen in einen PDCA-Zyklus (Plan-Do-Check-Act) zur Risikominimierung durch Compliance integriert werden. Ein PDCA-Zyklus ist ein immer wiederkehrender Kreis von definierten Vorgängen, die eine kontinuierliche Weiterentwicklung eines Themas sicherstellen. Er besteht aus vier Phasen, die im Folgenden auf die Compliance bezogen erläutert werden:

1. Plan: Formulierung der gültigen Richtlinien und der Compliance-Ziele in einem Code of Conduct und Planung der Maßnahmen zur Zielerreichung (Commitment)

2. Do: Die Schaffung einer Compliance-Kultur im Unternehmen durch Kommunikation, Schulungen und vorbildliches Verhalten der Unternehmensleitung (Kommunikation und Organisation)

3. Check: Überprüfung der Compliance-Situation durch interne oder externe Audits und durch Erfolgskontrollen in der Handhabung von Risiken (Dokumentation)

4. Act: Überprüfung der geltenden Rechte und Richtlinien unter Berücksichtigung der Ergebnisse aus der Check-Phase. Erarbeitung möglicher Korrekturvorschläge, die im nächsten Plan-Zyklus Einzug finden (Risikoanalyse)

So können alle wesentlichen Compliance-Elemente immer wieder einer Überprüfung und Optimierung unterzogen werden.

---

[11] Vgl. Bürkle, in: Hauschka, Corporate Compliance, § 8 Rn. 7 ff.
[12] Kozlova, Hasenkamp, IT-Systeme in der Rechnungslegung, S. 992.

2.2 IT-Compliance

2.2.1 Einordnung auf konzeptioneller Ebene

Die Corporate Compliance lässt sich in der Wirtschaft dem Fachgebiet der Corporate Governance unterordnen. Unter Corporate Governance wird die Gesamtheit aller Regeln zur Steuerung und Überwachung des Unternehmens zusammengefasst. Compliance ist dabei nur ein Teil, der sich mit der Einhaltung dieser Regeln beschäftigt. IT-Compliance ist dabei nur ein Teil der Corporate Compliance und ist mit dieser aufgrund der stetig zunehmen Komplexität der Geschäftsprozesse eng verknüpft.[13] Auch in der IT wird zwischen IT-Governance und IT-Compliance unterschieden.

„IT-Governance ist ein Prozess der verantwortungsvollen Steuerung von IT, der durch transparente Regeln und Kontrollmechanismen die optimale Unterstützung der Geschäftsprozesse durch IT sicherstellt. IT-Governance befasst sich mit dem (1) Wertbeitrag der IT, dem (2) IT-Risikomanagement und der (3) IT-Compliance."[14]

Das folgende Schaubild stellt schematisch die Beziehung der genannten Fachgebiete dar und weist darüber hinaus die jeweiligen Interessensgruppen, Rahmenbedingungen und Standards / Frameworks des jeweiligen Bereichs aus:

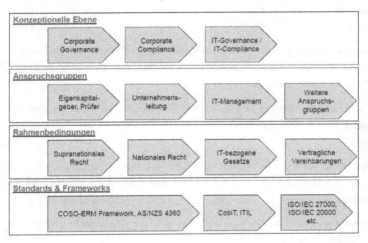

Abb. 3 Konzeptioneller Rahmen der IT-Compliance[15]

---

[13] Vgl. Wecker, Compliance in der Unternehmenspraxis, S. 129
[14] Vgl. Falk, IT-Compliance in der Corporate Governance, S.37
[15] Vgl. Falk, IT-Compliance in der Corporate Governance, S.7

2.2.2 Definition IT-Compliance

Wie im vorherigen Kapitel bereits angedeutet, ist IT-Compliance eine Querschnittfunktion, die sowohl Teil der Corporate Compliance als auch Teil der IT-Governance ist. Nach einer gängigen Definition von Michael Rath wird mit IT-Compliance die Einhaltung und Umsetzung von regulatorischen Anforderungen im weitesten Sinne mit dem Ziel eines verantwortungsvollen Umgangs mit allen Aspekten der Informationstechnik (IT) bezeichnet[16]. Dabei gibt es zwei Blickwinkel aus denen IT-Compliance betrachtet werden kann:

- IT als Gegenstand der Compliance

  Die IT als Teilgebiet eines Unternehmens mit den dort ablaufenden Prozessen und Datenverarbeitungsanwendungen muss selbst den Normen und Gesetzen unterliegen, die dafür definiert worden sind. So muss z. B. das Bundesdatenschutzgesetz (BDSG), welches vor Missbrauch personenbezogener Daten schützt, bei den IT-Prozessen und IT-Applikationen befolgt werden. Entgeltabrechnungen und Buchhaltungsanwendungen müssen ebenfalls den geltenden Normen entsprechen und von Aufsichtsbehörden abgenommen sein.

- IT als Instrument der Compliance

  IT ist nicht nur Gegenstand der Compliance-Betrachtung, sondern dient auch als Werkzeug, um die Corporate Compliance im weiteren Sinne sicherzustellen. So können Regelverstöße durch IT-Systeme verhindert oder mithilfe eines IT-basierten, internen Kontrollsystems die Corporate Compliance über den gesamten PDCA-Zyklus gemanagt werden. IT ist hierbei ein Mittel zur Erfüllung von Compliance-Anforderungen.

2.2.3 Einflussfaktoren und Ziele von IT-Compliance

Die IT-Compliance unterliegt vielen externen und internen Einflussfaktoren, die die Ausrichtung und die Ausgestaltung von IT-Compliance in jedem Unternehmen neu definieren. Eine isolierte Betrachtung des Bereiches IT ist nicht ausreichend, um IT-Compliance nachhaltig zu etablieren. Es müssen ebenfalls alle unternehmensübergreifenden inneren und äußeren Faktoren berücksichtigt werden. Gemäß des konzeptionellen Rahmens der IT-Compliance aus dem Kapitel 2.2.1 müssen aus allen genannten Ebenen des Rahmens die Einflussfaktoren abgeleitet werden. Nur wenn diese umfassend bekannt sind, können Unternehmen Ziele für die IT-Compliance aufstellen, um ihnen zu begegnen.

---

[16] Vgl. Rath, Computerwoche, 11/2007, S. 54

Einen groben Überblick über die gegenwärtigen Einflussfaktoren gibt die folgende Einordnung in das PEST-Schema.[17]

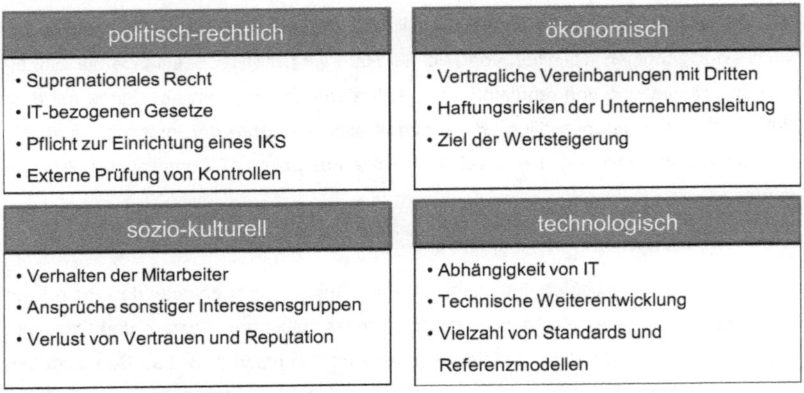

politisch-rechtlich	ökonomisch
• Supranationales Recht	• Vertragliche Vereinbarungen mit Dritten
• IT-bezogenen Gesetze	• Haftungsrisiken der Unternehmensleitung
• Pflicht zur Einrichtung eines IKS	• Ziel der Wertsteigerung
• Externe Prüfung von Kontrollen	

sozio-kulturell	technologisch
• Verhalten der Mitarbeiter	• Abhängigkeit von IT
• Ansprüche sonstiger Interessensgruppen	• Technische Weiterentwicklung
• Verlust von Vertrauen und Reputation	• Vielzahl von Standards und
	Referenzmodellen

Abb. 4 Einflussfaktoren der IT-Compliance[18]

Die genannten Einflussfaktoren unterliegen einem ständigen Wandel. Es kommen regelmäßig weitere Gesetze und Regeln hinzu, die eingehalten werden müssen. IT-Systeme entwickeln sich weiter, die Anzahl neuer Anforderungen und externer Prüfungen steigt stetig an. Durch neue Projekte und Kunden werden weitere Stakeholder an das Unternehmen gebunden, deren Interessen wiederrum gewahrt werden müssen. Die einmalige Herstellung der IT-Compliance ist aus diesem Grund nur eine Zwischenetappe. Die große Herausforderung und somit das Ziel für Unternehmen besteht darin den Zustand der IT-Compliance zu wahren und ständig diese sowohl proaktiv als auch reaktiv auf neue Gegebenheiten anzupassen. IT-Compliance muss folglich in die vorhandenen Unternehmensprozesse und Regelkreise eingebunden werden, um Teil der Unternehmensabläufe zu werden.

2.2.4 Aufgaben und Maßnahmen der IT-Compliance

Die Aufgaben und Maßnahmen, die sich für die Unternehmensleitung aus den genannten Einflussfaktoren ergeben, sind je nach Unternehmen sehr individuell. In der Praxis existieren zwei mögliche Wege, die eingeschlagen werden können:

---

[17] PEST-Analyse wird als Werkzeug im Rahmen von strategischer Planung eingesetzt und dient hauptsächlich der Analyse des internen und externen Unternehmensumfelds und der dort wirkenden Verflechtungen. PEST besteht aus vier Betrachtungsdimensionen und steht für politische, wirtschaftliche (Economic), sozio-kulturelle und technologische Betrachtungswinkel.

[18] Vgl. Falk, IT-Compliance in der Corporate Governance, S.4

1. Unternehmen können sich der Best-Practices gegebener Standardmodelle und Frameworks bedienen oder

2. Unternehmen entwickeln eigene Maßnahmen.

Die eigenen Maßnahmen haben den Vorteil, dass sie auf die individuellen Anforderungen des Unternehmens zugeschnitten sind, bedürfen jedoch einer aufwendigen Konzeptionsphase. Zusätzlich ergibt sich die Schwierigkeit eines akzeptierten Nachweises, da z. B. keine Zertifizierung nach einem Standardmodell möglich ist. Bei der Nutzung eines Frameworks sind hingegen die Maßnahmen anerkannt und transparent. Somit ist der Nachweis einer IT-Compliance problemlos möglich. Die Maßnahmen sind jedoch sehr allgemein gehalten und müssen auf gegebene Einflussgrößen aufwendig angepasst werden. Unabhängig von der Entscheidung des Unternehmens ein Framework-Modell zu nutzen oder eigene Maßnahmen zu entwickeln, sind folgende Aufgabenblöcke immer Bestandteil des Maßnahmenkatalogs:

- Die Erfassung und Dokumentation der IT-Ressourcen einschließlich der Anforderungen, die sich aus den Geschäftsprozessen ergeben

- Analyse und Bewertung der damit verbundenen Risiken

- Anpassung der IT-Ressourcen zur Reduzierung des Risikos

2.3 Zusammenhang zwischen IT-Compliance und Software-Asset-Management

Im obigen Kapitel wurde darauf eingegangen, dass die Erfassung aller relevanten IT-Ressourcen Gegenstand der IT-Compliance ist. Eine Ressource ist der Definition nach „ein Mittel, das der Produktion von Gütern oder Dienstleistungen zur Verfügung steht."[19] Hierunter fallen sowohl die Arbeitskraft als auch alle Sachmittel, die im Wertschöpfungsprozess zum Einsatz kommen. Die IT ist in den meisten Fällen kein produzierender Bereich des Unternehmens und konzentriert sich auf die Erbringung von IT-Dienstleistungen und der damit einhergehenden Aufrechterhaltung des Geschäftsbetriebs. Aus diesem Betrachtungswinkel sind insbesondere die Ressourcen relevant, die sich dem Aufbau und der Ausstattung des Betriebs im Unternehmen widmen. Bei diesen Gütern handelt es sich um Gegenstände aus dem Betriebs-/ oder Anlagevermögen (englisch: Asset). Einen sehr großen Teil des IT-Anlagevermögens stellen IT-Systeme wie Hardware und Software dar. Diese Hardware und Software-Assets werden als Anlagevermögen in der Anlagenbuchhaltung des Unternehmens geführt. Aufgrund der Anforderungen aus der IT-Compliance muss das Unternehmen die rechtskonforme

---

[19] Definition nach Rittershofer, Wirtschafts-Lexikon

Nutzung der IT-Assets sicherstellen. Rechtskonform ist die Nutzung jedoch nur dann, wenn ausreichend Lizenzen zum Betrieb dieser Assets zur Verfügung stehen.[20] Diese Sicherstellung der korrekten und ausreichenden Lizenzierung der eingesetzten Software kann als „Software-Asset-Management" bezeichnet werden. SAM wird im Kapitel 3.1 ausführlich als Begriff eingeführt.

Wie wirkt sich nun die IT-Compliance auf die Durchführung eines Software-Asset-Managements aus? Die Antwort auf diese Frage ist recht simpel: Aus der Bestrebung das Risiko zu minimieren formuliert die Corporate Compliance Anforderungen an die IT-Compliance, welche wiederum ihre Anforderungen an das Software-Asset-Management weitergibt. Der folgende Absatz verdeutlicht dies.

In der heutigen Zeit gibt es kaum einen Unternehmensprozess, der nicht durch eine Software unterstützt wird. Durch die weite Verbreitung der Software und durch die unzähligen Angebote am Markt und online ist heute faktisch jeder Endanwender eines Unternehmens in der Lage Software auf seinem Computer in Betrieb zu nehmen. Diese Subprozesse gehen oftmals an der IT vorbei. Die IT, als Dienstleistungserbringer und Betreiber dieser Software, befindet sich dadurch in einer gefährlichen Situation. Einerseits muss der Betrieb des Unternehmens sichergestellt werden, andererseits trägt die IT die Verantwortung für einen ordnungsgemäßen Ablauf und für eine korrekte Nutzung der Software. Beide Herausforderungen in Einklang zu bringen bedarf eines gut organisierten Software-Asset-Managements. Durch einen falschen, bzw. in manchen Fällen gar illegalen Einsatz von Software können Lizenzbestimmungen und Rechte Dritter verletzt werden. Aus diesem Grund steht Software-Asset-Management unter der genauen Beobachtung der IT-Compliance. In seiner Dissertation entwickelt Michael Falk ein Control-Framework zur IT-Compliance, welches er aus anderen, gängigen Modellen und Standards ableitet und mit wichtigen Themen anreichert. So sieht auch er das Management der IT-Assets als einen wichtigen Teil der IT-Compliance mit dem Ziel einer durchgängigen Kontrolle: „Controls provide reasonable assurance that components of the service and infrastructure are defined and controlled, that the configuration information are maintained accurate, that the configuration is deployed consistently across the enterprise, that planning is enhanced so that changes are in accordance with the overall architecture, that unauthorized changes to hardware and software are discovered, which could otherwise result in security breaches, that the ability to fall back is given and that the documented information are not failing to reflect the current architecture, that business-critical components can be identified and that assets can be accurately accounted for".[21] Weiterhin gibt er als Empfehlung aus, in

---

[20] Eine Lizenz entspricht einem Nutzungsrecht und wird im Kapitel 4.1 näher erläutert
[21] Falk, IT-Compliance in der Corporate Governance, S. 225

periodischen Abständen im Rahmen der IT-Compliance diesen Teil zu überprüfen und speziell darauf zu achten, ob der Einsatz der Unternehmenssoftware den Nutzungsbestimmungen entspricht. Auf festgestellte Mängel, d.h. einen illegalen Einsatz von Software sollte reagiert und die Fehler und Abweichungen von den Lizenzbestimmungen sollten schnellstmöglich behoben werden.[22] Das Risiko für Unternehmen ist meistens viel höher, als es der Unternehmensleitung bekannt ist. Aus einer Studie durch die Business Software Alliance (BSA) aus dem Jahr 2013 geht hervor, dass 43% der eingesetzten Software nicht den originären Nutzungsbestimmungen entsprechen[23]. Dabei ist es unerheblich, ob eine falsche Software-Lizenz oder gar keine Software-Lizenz vorliegt. Beides widerspricht der Gesetzeskonformität. Mehr als ein Drittel aller weltweit eingesetzten Software in den Unternehmen ist somit illegal und damit nicht gesetzeskonform. Dieses Verhalten ist höchst urheberrechtswidrig und kann neben zivilrechtlichen Ansprüchen des Verletzen (§§ 97 ff. UrhG) auch ordnungsrechtliche und strafrechtliche Konsequenzen nach sich ziehen (§§ 106ff. UrhG).[24] Wenn zusätzlich noch eine Unternehmensbezogenheit des Endanwenders zu dem Unternehmen nicht widerlegt wird, haften Unternehmen zudem für Urheberrechtsverletzungen ihrer Mitarbeiter (§§ 100 UrhG).[25] Weiterhin erweist sich eine falsche Lizenzierung oder eine Unterlizenzierung als eine Verletzung aufsichtsrechtlicher Vorgaben. So stellt dies meist ein Verstoß gegen die Corporate Governance Regeln und geltende Aspekte des Sarbanes-Oxley Acts und Basel II dar, in denen ein intaktes Software-Asset-Management zwingend vorausgesetzt wird.

Die Unkenntnis über die Abweichung vom geltenden Nutzungsrecht, vom UrhG und von den zahlreichen internationalen Regularien (SOX, Basel II) entbindet die Geschäftsführung nicht von der Verantwortung lizenzrechtliche Nutzungsbestimmungen einzuhalten. Die Wichtigkeit einer intakten IT-Compliance wird durch diese Regularien noch stärker betont und führt zu wachsenden Anforderungen an ein funktionierendes Software-Asset-Management. Auf der einen Seite muss durch das SAM Gesetzeskonformität und Compliance mit geltenden Regeln hergestellt und auf der anderen Seite darüber hinaus noch weitere wirtschaftliche Vorteile für das Unternehmen erzielt werden. Welche Anspruchsgruppen, welche Rahmenbedingungen und Frameworks für das SAM existieren um die genannten Ziele zu erreichen wird im nächsten Kapitel näher erläutert.

---

[22] Vgl. Falk, IT-Compliance in der Corporate Governance, S. 225
[23] Vgl. BSA, The Compliance Gap, S. 2
[24] Vgl. Ammann, Rechtssicheres IT-Lizenzmanagement, S. 74
[25] Vgl. Wandtke, UrhH, §§100 UrhG

3   Grundlagen - Software-Asset-Management

Der Begriff Software-Asset-Management ist bereits in den Kapiteln zuvor genannt worden. Das Ziel dieses Abschnitts wird es sein, eine umfassende Einführung in das Thema Software-Asset-Management zu geben und diesen Begriff zu definieren. In den weiteren Unterkapiteln werden die Beweggründe, die Potentiale und die Herausforderungen einer SAM-Einführung benannt. Es werden gängige Standardmodelle und Prozesse diskutiert und das SAM organisatorisch in die Aufbauorganisation des Unternehmens eingeordnet.

3.1   Definition

Zum Begriff des Software-Asset-Managements existieren einige Definitionen, wobei sich keine Definition als allgemeingültig durchgesetzt hat.

Definition nach ITIL:

"Software-Asset-Management is all of the infrastructure and processes necessary for the effective management, control and protection of the software assets within an organisation, throughout all stages of their lifecycle."[26]

Definition nach ISO:

"Software-Asset-Management is a discipline that is specifically aimed at managing the acquisition, release, deployment, maintenance and eventual retirement of software assets."[27]

Definition nach Gartner:

"A process for making software acquisition and disposal decisions. It includes strategies that identify and eliminate unused or infrequently used software, consolidating software licenses or moving toward new licensing models."[28]

Definition nach Deloitte:

"SAM is a business practice that involves managing and optimizing the purchase, deployment, maintenance, utilization, and disposal of software assets within an organization. The goals of SAM are to reduce IT costs and limit operational, financial and legal risks related to the ownership and use of software."[29]

---

[26] SAM Definition nach ITIL
[27] SAM Definition in ISO 19770-5_2013, Absatz 4.1
[28] Gartner, IT Glossary
[29] Deas, u.a., Software Asset Management

Alle Definitionen haben eine gemeinsame Komponente. Alle vier betrachten das SAM als einen Prozess, eine Disziplin oder eine betriebliche Praxis, die Software-Assets über den gesamten Lebenszyklus hinweg verwaltet. Vom Eintritt einer Software bis hin zur Stilllegung oder Entsorgung der Software tragen alle Phasen des Lebenszyklus zum ganzheitlichen Bild des Software-Asset-Managements bei. Die Definition nach ITIL geht noch eine Stufe weiter und bezieht nicht nur die Prozesse ein, die den Umgang mit Software-Assets steuern, sondern involviert zusätzlich noch alle Infrastruktur-komponenten, die zur Verwaltung der Software-Assets genutzt werden. Nach diesen weitfassenden Definition kann man SAM als eine Teilorganisation des Unternehmens auffassen, bestehend aus Menschen, die diese Organisation steuern, IT-Systemen, die durch die Menschen für den definierten Zweck des effektiven Software-Asset-Managements genutzt werden und schlussendlich den SAM-Prozessen, die das Zu-sammenwirken von Menschen und IT-Systemen verknüpfen. Häufig wird folgendes Schaubild verwendet, um die Tragweite des Software-Asset-Managements in einem Unternehmen zu visualisieren:

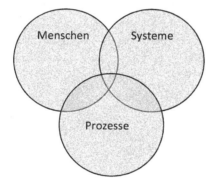

Abb. 5 Bestandteile des Software-Asset-Managements[30]

In den deutschen Quellen hat sich die Begrifflichkeit eines Software-Asset-Managements noch nicht final durchgesetzt. So wird in der gängigen Literatur stets von Lizenzmanagement gesprochen und doch an vielen Stellen das Software-Asset-Management damit gemeint. Die Begriffe werden zum Teil synonym verwendet. Wie unterscheidet sich nun Lizenzmanagement von Software-Asset-Management und wel-che Definition wird in dieser Arbeit zu Grunde gelegt?

---

[30] Canavan, ISO19770-1:2012, S. 2

In dieser Arbeit wird eine klare Trennung zwischen Lizenzmanagement und Software-Asset-Management vorgenommen. Zuerst wird der Begriff Lizenzmanagement definiert und später von Software-Asset-Management abgegrenzt.

Definition nach Groll:

„Lizenzmanagement setzt sich aus dem Begriff Lizenz (lat. licere, licentia, Erlaubnis, Freiheit, Befugnis), und dem Begriff Management (lat. manus, Hand) zusammen und steht für das Verwalten und Managen von Softwarelizenzen. Das Lizenzmanagement beschreibt Prozesse für den legalen Umgang mit Software und deren Lizenzbestimmungen und ist somit mehr in der kaufmännischen als technischen Ecke zu sehen" [31]

Wie auch das Software-Asset-Management beschreibt das Lizenzmanagement Prozesse für den Umgang mit Software. Aus der Definition geht zwar nicht hervor, dass sich die Prozesse auf den gesamten Lebenszyklus einer Software beziehen, jedoch kann diese Annahme durchaus hinein interpretiert werden. Der große Unterschied wird jedoch im letzten Teil dieser Definition deutlich. Lizenzmanagement bezieht sich mehr auf die kaufmännische Betrachtung einer Software, insbesondere auf Lizenzbestimmungen, wohingegen das SAM auch die Infrastruktur betrachtet. Das Lizenzmanagement (LIMA) könnte folglich als ein Element des SAM bezeichnet werden und wäre der Mengenlehre nach eine Teilmenge des SAM.

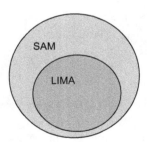

Abb. 6 Lizenzmanagement als Teil des SAM[32]

---

[31] Groll, 1x1 des Lizenzmanagements, S. 4
[32] Eigene Darstellung

3.2 Ausgangssituation und Notwendigkeit einer SAM-Einführung

Software-Asset-Management und Lizenzmanagement sind noch recht junge Disziplinen und befinden sich noch in vielen Teilen der wirtschaftlichen Welt im Aufbau. Das immer steigende Augenmerk auf dieses Thema hängt mit der raschen technischen Entwicklung und den damit verbundenen fallenden Hardwarekosten zusammen. Vor vielen Jahren hatte IT-Hardware den größten Anteil an den IT-Kosten bei den Unternehmen und bescherte den Hardwareherstellern enorme Gewinne. Durch die effizientere Nutzung der Hardware, durch neue Technologien (z. B. Virtualisierung) konnten Unternehmen jedoch erhebliche Ressourceneinsparungen erzielen. Es ergab sich für die Unternehmen jedoch ein anderer Kostenposten, der mit den Jahren immer weiter anwuchs: Die Kosten für die IT-Software.

Die Rolle der Software hat sich in den vergangenen Jahrzehnten stark gewandelt. In Zeiten der Mainframe-Maschinen in den 70er Jahren war Software der Code, der individuell für Unternehmen auf den Maschinen programmiert wurde, um eigens aufgestellte Unternehmensanforderungen zu erfüllen. Der Endnutzer, als Hauptanwender und Nutzer von Software war noch nicht bekannt. Erst mit dem Personal Computer (PC) und den ersten Applikationen zur Steigerung der Nutzerproduktivität erhielt der heutige Endnutzer Zugang zur Software. Verstärkt durch die aufkommenden Client-Server-Architekturen in den 90er Jahren und die Entwicklung des Internets verbreitete sich der PC als ein unabkömmliches Arbeitsmittel in fast allen Tätigkeiten, allem voran in der Geschäftswelt. Heute ist Software überall in der Welt verbreitet, übernimmt lebensnotwendige Funktionen wie in der Medizin, steuert die Energieflüsse, lässt Raketen und Roboter in den Weltraum fliegen und zurück, organisiert die Logistik und steuert die Mehrheit der Prozesse in jedem Unternehmen. Insgesamt hat sich das Bewusstsein weg von der Hardware und hin zu der Software entwickelt. Die Bedeutung der Software hat in den vergangenen Jahren so immens zugenommen, dass sich die Frage stellt, nicht ob, sondern wie Unternehmen sich aufgestellt haben, um dieses aufstrebende Wirtschaftsgut effektiv zu managen. Im Hinblick auf zukünftige Trends wie Cloud Computing, Software-as-a-Service und neue Formen der Virtualisierung wird der Einfluss von Software noch weiter wachsen und erfordert eine besondere Aufmerksamkeit. IT-Manager können diesen Herausforderungen mit einem Software-Asset-Management begegnen. Es stellt ihnen alle notwendigen Werkzeuge zur Verfügung.

Einschlägige Studien bestätigen, dass viele Unternehmen diesen Weg bereits eingeleitet haben. Forrester Research hat 200 IT-Professionals zu der aktuellen SAM-Situation in ihrem Unternehmen befragt. Demnach haben 39% der Unternehmen bereits SAM-

Prozesse und Lösungen im Einsatz. 52% der Unternehmen sind gerade dabei oder planen in den nächsten 12 Monaten mit der Einführung von SAM zu beginnen. 9% aller befragten Unternehmen setzen noch nicht auf SAM oder wollten sich dazu nicht äußern.[33]

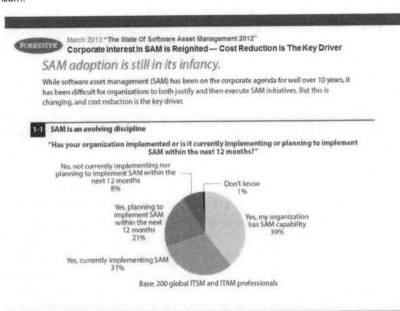

Abb. 7 SAM-Verbreitung in den Unternehmen[34]

Die Mehrheit der Unternehmen hat erst in der unmittelbaren Vergangenheit angefangen SAM-Programme zu initiieren. Vor 2012 schien dieses Thema nicht im Fokus der IT-Leiter zu stehen. Für diese Tatsache gab es und gibt es laut den Ergebnissen von Forrester immer noch mehrere Gründe. Unklare Regelungen der Verantwortung führen dazu, dass sowohl die IT, der Einkauf, die Rechtsabteilung und die Verantwortlichen der Buchhaltung sich mit dem Thema auseinandersetzen, aber dieses nicht federführend voran treiben. So existieren viele Interessensvertreter, aber niemand, der diese Disziplin im Unternehmen fest verankert. Weiterhin fürchten sich viele Unternehmen mit der SAM Einführung anzufangen. Dies würde eine aufwendige Untersuchung der historischen Lizenzentwicklung bedeuten und enormen Aufwand bei der Bereinigung

---

[33] Vgl. Mann, State of SAM Survey Results
[34] Mann, State of SAM Survey Results

der Fehlbestände verursachen. Viele Unternehmen sind noch nicht bereit solche Projekte zu starten, da das Risiko eines Compliance-Vorfalls noch nicht hoch genug eingeschätzt wird. Speziell diese Unternehmen werden jedoch aufgrund der bereits in der Einleitung gezeigten Audit-Entwicklung SAM als Disziplin im Unternehmen einführen und weiter entwickeln müssen. Doch trotz der wachsenden Bedeutung von SAM befinden sich die Unternehmen noch in der Anfangsphase. Verdeutlicht wird dies durch bereits erwähnte BSA-Studie, wonach 43% der im Unternehmen eingesetzten Software nicht vollständig, nicht richtig oder überhaupt nicht lizenziert ist.[35]

Es stellt sich daher die Frage, warum die Unternehmen, obwohl sie sich mehrheitlich mit SAM als Prozess und Organisationsform auseinandersetzen, noch nicht die beabsichtigten Resultate erzielen können. Dafür gibt es einige Gründe, die im nächsten Kapitel erläutert werden.

3.2.1 Die Herausforderungen einer SAM-Einführung

KPMG hat in einer Untersuchung die Gründe für die schlechten Resultate der bisherigen SAM-Programme erforscht. Ein Ergebnis der Studie geht näher auf die größten Herausforderungen solch einer SAM-Einführung ein. Für viele IT-Manager und IT-Professionals ist die Einführung eines Tools zum Verwalten von Softwarelizenzen gleichzusetzen mit einem ganzheitlichen SAM im Unternehmen. Dieses ist jedoch keinesfalls richtig, wie die Definitionen von SAM und Lima es dargelegt haben. SAM ist hauptsächlich das Zusammenwirken von Menschen und IT-Systemen in ganzheitlichen Prozessen. Aus diesem falschen Verständnis von SAM heraus, entwickelt sich ein Ungleichgewicht zwischen eigener Wahrnehmung und der tatsächlichen Situation. Ganz oben auf der Liste der größten Herausforderungen steht folglich die Verankerung des SAM als Teil der Unternehmenskultur. Insbesondere in den BRIC-Staaten, Osteuropa und Asien ist Softwarepiraterie gängige Praxis.[36] Genau in diesen Regionen und Staaten bedarf SAM einer höheren Aufmerksamkeit. Weitere Herausforderungen für Unternehmen bei der erfolgreichen Einführung von SAM stellen komplexe Lizenzregeln dar, die von Hersteller zu Hersteller stark variieren und sich dazu enorm schnell verändern. Die kürzer werdenden Softwareentwicklungszyklen, die neuen Technologien und stetig steigende Individualität in den Produktportfolios bringen ständige Veränderungen von Lizenzbestimmungen mit sich. In vielen Fällen wissen die Softwarehersteller selbst nicht, wann sich welche Bestimmungen geändert haben und welche gültige Bestim-

---

[35] Vgl. BSA, The Compliance Gap, Seite 2
[36] Vgl. KPMG, Software Asset Management, S. 21

mung für das Unternehmen in expliziten Fall greift.[37] Die für die Unternehmen fehlende Standardisierung der Bestimmungen erschwert eine Einführung und eine regelmäßige Anpassung der SAM-Prozesse ungemein. Hinzu kommt noch die Tatsache, dass Abteilungen, die die Verträge und Bestimmungen ausgehandelt haben, nicht für die Einhaltung dieser Bestimmungen verantwortlich sind. In Unternehmen, in denen keine starke Kooperation zwischen IT, Rechtsabteilung und Einkauf besteht, kann die IT als Halter des SAM-Prozesses die Lizenz-Compliance nicht sicherstellen, wenn sie kein Mitspracherecht bei der Ausgestaltung der Softwareverträge hat. Darüber hinaus existieren noch weitere Gründe für das Missverhältnis, dass es eigentlich viele Unternehmen gibt, die SAM bereits etabliert haben, sie anscheinend jedoch noch nicht in der Lage sind, die Compliance herzustellen. Von ihrer Wertigkeit sind sie jedoch niedriger einzustufen als die genannten Punkte und werden daher an dieser Stelle nicht weiter aufgezählt.

3.3 Ziele und Potentiale des Software-Asset-Managements

Trotz einiger Hürden, die die Unternehmen bei der Einführung von SAM meistern müssen, begeben sich, wie die Statistik im letzten Kapitel gezeigt hat, mehr als die Hälfte der Unternehmen auf diesen Weg. Der wirtschaftliche Gesamtlage und der der Druck, die auf die Unternehmen einwirken, lassen ihnen keine Alternativen zu. Die Zielformulierung unterscheidet sich bei den verschiedenen Firmen kaum. Torsten Groll formuliert in seinem Praxisleitfaden vier wesentliche Ziele des Software-Asset-Managements, die im folgenden Schaubild schematisch dargestellt werden.

Abb. 8 Zielvorgaben des SAM[38]

---

[37] Vgl. KPMG, Software Asset Management, S. 21
[38] Groll, 1x1 des Lizenzmanagements, S. 8

Software-Asset-Management stellt ein Werkzeug für Unternehmen dar, um die vier genannten Ziele zu erreichen. Compliance und Rechtmäßigkeit sind zwei dieser Ziele. Beide wurden bereits in der vorliegenden Arbeit im Grundlagenkapitel erläutert und werden hier noch zusätzlich nach Compliance-Anforderungen gegenüber Software-Herstellern und nach gesetzlichen Anforderungen separiert. Bei beiden geht es darum mit einem Software-Asset-Management die vereinbarten Nutzungsrechte und die geltenden Gesetze einzuhalten, um Haftungsrisiken und Schadensersatzzahlungen zu vermeiden. Ein Verstoß bringt unnötige Anspannungen in das Verhältnis mit dem Hersteller, wodurch zukünftige Rabatte und Vergünstigungen erschwert werden. Die wichtigste Aufgabe, um Rechtmäßigkeit mit geltendem Recht und aufgestellten Compliance-Anforderungen herzustellen, ist der permanente Abgleich der Installationszahlen mit dem aktuellen Lizenzbestand. Ein mögliches Ergebnis dieses Abgleiches könnte eine Unterlizenzierung sein. Das Unternehmen hat einen höheren Installationsbestand als einen Lizenzbestand und befindet sich in einer gefährlichen Zone der Nicht-Compliance. Solange der Compliance-Verstoß nicht festgestellt wird, ist das Unternehmen in einem wirtschaftlichen Vorteil. Wenn jedoch, durch ein Audit oder eine Wirtschaftsprüfung dieser Verstoß identifiziert wird, wird das Unternehmen daraus einen Schaden nehmen. Häufig ist im Fall der Unterlizenzierung nicht nur der Nachkauf der fehlenden Lizenzen notwendig, es müssen auch noch Strafgebühren und rückwirkende Wartungspauschalen entrichtet werden. Es ist durchaus möglich, dass Unternehmen aus Angst vor einem Compliance-Vorfall dazu neigen ihren Lizenzbedarf überproportional zu decken. Dadurch minimiert das Unternehmen das rechtliche Risiko nahezu auf null, entfernt sich durch die entstehende Überlizenzierung aber vom Ziel der Kostensenkung. Das minimale Risiko wird somit teuer erkauft. Trotz der Sicherstellung des Betriebs durch ausreichende Lizenzen, hat das Unternehmen mehr Geld dafür ausgegeben, als es eigentlich hätte tun müssen. Diese Finanzkraft fehlt in den wichtigen Zweigen des Unternehmens und kann dort nicht entfaltet werden. Beide Fälle, sowohl Über- als auch Unterlizenzierung müssen aus Unternehmenssicht vermieden werden, um die Kosten minimal zu halten. Das Ziel der Transparenz soll die Firmen dabei unterstützen. Das Wissen, welche Software, in welchen Mengen und in welchen Bereichen des Unternehmens eingesetzt wird, ist eine zentrale Voraussetzung für ein aktives und proaktives Lizenzmanagement.[39] Dadurch wird das Unternehmen in die Lage versetzt Beschaffungsprozesse langfristiger zu planen, das Vertragsmanagement besser zu gestalten und die Umverteilung nicht genutzter Lizenzen optimal zu organisieren. Durch die Transparenz erlangen die IT-Manager überhaupt erst das Wissen, wie es um die anderen drei Ziele steht und wie der Status des SAM allgemein im Unter-

---

[39] Vgl. Groll, 1x1 des Lizenzmanagement, S. 10

nehmen ist. Sollten die Ergebnisse der Transparenz-Bestrebung jedoch nicht realisiert werden, so erreicht das Unternehmen alleine durch die Transparenz noch keinen Mehrwert. Um erfolgreich zu sein und Potentiale des SAM nutzen zu können, müssen alle vier Ziele in Balance gehalten werden. Sie hängen so stark voneinander ab, dass sie nur dann einen wirtschaftlichen Nutzen bringen, wenn sie gemeinsam erfüllt werden. Mit der Erreichung der Ziele wird eine enorme Wirkungsfähigkeit, sowohl operativer als auch strategischer Natur ermöglicht. In einer durchgeführten Studie von KPMG wurde nachgewiesen, dass durch verbesserte Kontrolle und Transparenz von Hardware- und Software-Assets die Unternehmen in der Lage waren, die Stundenanzahl für das Verwalten der IT-Umgebung pro Asset um die Hälfte zu reduzieren.[40] Neben den direkten, positiven Auswirkungen auf die IT-Ausgaben, können Unternehmen weitere Potentiale durch die Erreichung der genannten Ziele realisieren. Das folgende Schaubild gibt eine allgemeine Übersicht über strategische und operative Vorzüge.

Operative Potentiale	Strategische Potentiale
Optimierte Asset Kontrolle	Bessere Verhandlungsposition gegenüber den SW-Herstellern
Optimierter Lebenszyklus	
Erhöhte IT-Sicherheit durch vollständige Transparenz	Sicherstellung der Lizenz-Compliance
Möglichkeit eines Software-Poolings	Transparenz über Bedarfe, Nutzungsgrade, und Effektivität
Agilität in der Ausgestaltung der Asset-Prozesse	Risikominimierung und Stärkung der IT-Governance
Reduzierung der Audit-Aufwände	Verbesserte Entscheidungsposition bei Mergers und Acquisitions
Erhöhte Mitarbeiter-Produktivität	
Aussagekräftiges Reporting	Kostenoptimierung, verbessertes ROI

Abb. 9 Potentiale des SAM[41]

---

[40] Vgl. KPMG, Software Asset Management, S15
[41] Eigene Darstellung

3.4 Gängige Modelle des Software-Asset-Managements

3.4.1 Grundlagen und Begrifflichkeiten

Wie aus der Definition von SAM hervorgeht, handelt es sich dabei nicht nur um ein Tool, ein IT-System oder ein Set an Best-Practices, sondern um Prozesse, die Menschen und Werkzeuge in einem Gesamtgebilde miteinander verbinden. Bevor die im vorigen Kapitel genannten Vorzüge realisiert werden können, müssen sich die Unternehmen mit der Einführung und der Optimierung der notwendigen SAM-Prozesse beschäftigen. Prozesse transformieren einen oder mehrere Inputfaktoren durch die Ausführung verschiedener Funktionen zu einem oder mehreren Outputfaktoren. Sie sind demnach eine Folge von logischen Einzelfunktionen zwischen denen Verbindungen bestehen.[42] Dieses Kapitel beschäftigt sich mit diesen Einzelfunktionen im Bereich des Software-Asset-Managements und gibt einige Beispiele aus der Theorie und Praxis, wie die SAM-Prozesse zusammenhängen und in welchen Referenzmodellen sie realisiert werden können. Referenzmodelle werden nach Helmut Krcmar folgendermaßen definiert:

„Referenzmodelle sind Informationsmodelle, welche nicht nur im Kontext, der ihrer Konstruktion zugrunde liegt, sondern auch in weiteren Anwendungskontexten verwendet werden können. Sie erheben somit einen Anspruch auf Allgemeingültigkeit und formulieren Sollempfehlungen für eine Klasse abstrakter Anwendungsgebiete."[43]

3.4.2 Praxismodell nach Torsten Groll

Torsten Groll definiert in einem Praxisleitfaden für Lizenzmanager ein Software-Life-Cycle-Modell, welches er aus seiner langjährigen Erfahrung als Berater und Lizenzmanager in den Unternehmen beobachtet und mitentwickelt hat. Aus diesem Grund ist das Modell sehr stark an der Praxis orientiert, versucht einen möglichst schnellen Einstieg in das Thema zu geben und gleichzeitig jedoch dem Anspruch eines allgemeingültigen und ganzheitlichen Modells zu genügen. Der Software-Life-Cycle setzt sich bei Groll aus sechs Hauptprozessen zusammen, wobei drei davon der Beschaffung und drei dem Betrieb der Software zuzuordnen sind. Jedem dieser Hauptprozesse werden Unterprozesse zugeordnet, die die Hauptprozesse gliedern und detaillieren. Insgesamt gibt das Modell 19 Unterprozesse vor.[44]

---

[42] Vgl. Prozessdefinition nach Krcmar, Informationsmanagement, S. 141

[43] Krcmar, Informationsmanagement, S.121

[44] Vgl. Groll, 1x1 des Lizenzmanagement, S. 115

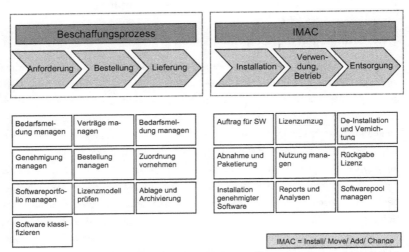

Abb. 10 Software-Life-Cycle-Prozessübersicht nach Groll[45]

Das Modell ist sehr einfach aufgebaut und gibt den Verlauf einer Software über ihren Lebenszyklus hinweg im Unternehmen wieder. Es beginnt mit der Anforderung für neue Software mit den dazugehörigen Unterprozessen, von einer Bedarfsmeldung bis hin zu der Klassifikation neuer Software im Portfolio. Im zweiten Schritt wird diese Software bestellt, unter Einhaltung aktueller Verträge und akzeptierter Lizenzmodelle. Im dritten kaufmännischen Schritt wird die Software ausgeliefert, muss in Empfang genommen, an den Anforderer gemeldet und weiter gereicht werden. Der abgeschlossene Bestellvorgang muss hierbei archiviert und die erworbene Lizenz abgelegt werden. Nach der erfolgreichen Bestellung müssen nun die technischen Prozesse greifen und die Software installiert werden. Dazu müssen in einer IT-Serviceorganisation Aufträge für diesen Vorgang erfasst, das zu installierende Softwarepaket technisch vorbereitet und schließlich auf den Client des Endanwenders gebracht werden. Im Laufe des Betriebs können Änderungen an der Software auftreten. So muss ggfs. die Softwarelizenz umgezogen werden, da der eigentliche Nutzer diese nicht mehr benötigt und die Lizenz freigegeben werden kann. Um solch eine Bedarfsänderung festzustellen, ist ein effektives Reporting notwendig und muss bei der Prozessgestaltung ebenso betrachtet werden. Erreicht die Software und ihr technisches Ende, d. h. sie ist veraltet und wird nicht mehr benötigt, so muss diese stillgelegt und aus dem aktiven Bestand entfernt werden. Dazu wird sie vom Computer des Anwenders deinstalliert. Die nicht mehr be-

---

[45] Groll, 1x1 des Lizenzmanagement, S. 116

nötige Lizenz kann aus dem aktiven Pool entfernt oder wenn die Möglichkeit besteht, an den Lizenzgeber zurückgegeben werden, um den noch verbliebenen kaufmännischen Wert einzutauschen. Am Schluss wird die betroffene Software aus dem Softwareportfolio entfernt, um zukünftige Neubestellungen dieses Assets auszuschließen.

Mit diesem Modell legt Groll den Grundstein für ein ganzheitliches Software-Asset-Management. Das Unternehmen wird angeleitet sich an den Haupt -und Teilprozessen auszurichten und diese zu etablieren. Da es sich dabei um ein Praxismodell handelt, ist es eher in das operative Management von Software-Assets einzuordnen. Compliance, Rollen und Verantwortlichkeiten, regelmäßige Prozeduren zum Überprüfen der SAM-Entwicklung sind hier nicht vorgesehen. Dieses Modell ermöglicht einen schnellen Start. Organisatorische Prozesse und Governance-Themen im Zusammenhang mit SAM müssen separat abgewickelt werden.

3.4.3 SAM-Referenzmodell nach ISO 19770

Wie die einleitenden Kapitel dargestellt haben ist SAM ein Thema, welches erst in der nahen Vergangenheit in den Fokus der Unternehmen gerückt ist. Aus diesem Grund gab es lange Zeit keine standardisierten Prozesse. Mit der Entwicklung und der Ausbreitung von der IT Infrastructure Library (ITIL) wurden IT-Prozesse einheitlich dargestellt und die über Jahre gesammelte Erfahrungen in Standardwerken festgehalten. So entstanden Prozesslandschaften, die Unternehmen Best-Practices zur Verfügung stellten und diese miteinander vergleichbar machten. Weil es aber in ITIL keine direkte Schnittstelle zu Lizenzmanagement oder Software-Asset-Management gibt, ist SAM zum Untersuchungsgegenstand einer anderen Norm geworden. Die daraus entwickelte ISO/IEC-Norm 19770 entstand aus dem Bestreben heraus die fehlende Standardisierung durch ein international anerkanntes Framework auszugleichen. Im Mai 2006 wurde im ersten Teil dieser Norm (ISO 19770-1) ein Prozessrahmen veröffentlicht, der die geforderten Governance-und Unternehmensanforderungen für das SAM wirksam im IT-Service-Management umsetzt.[46] Zielsetzung war es ein Modell zu entwickeln, das Unternehmen den Einstieg und die Optimierung des SAM ermöglichen soll. Ein Standard, ähnlich wie ITIL, erfordert nicht eine vollständige Umsetzung aller genannten Prozesse, sondern versteht sich als Unterstützung oder Hilfestellung. Die letzte und bisher finale Version des Standards wurde 2012 veröffentlicht und unterteilt das Modell in drei Hauptbereiche. Im ersten Prozessblock geht es um organisatorische Managementprozesse für SAM, während sich der zweite Block mit SAM-Kernprozessen auseinandersetzt. Der dritte Bereich bezieht sich mehr auf die operative Ebene und beschäf-

---

[46] Vgl. Groll, 1x1 des Lizenzmanagement, S. 284

tigt sich mit den Lebenszyklus-Prozessen. Diese Hauptkategorien gliedern sich wiederum in Unterkategorien, die insgesamt 27 Teilprozesse umfassen. Das folgende Schaubild gibt einen Überblick über den gesamten Prozessrahmen:

Organisatorische Managementprozesse für SAM			
Kontrollumgebung für SAM			
Unternehmensführungsprozess für SAM (Corporate Governance)	Rollen und Verantwortlichkeiten für SAM	Richtlinien, Prozesse und Verfahren für SAM	Kompetenz in SAM
Planungs-und Implementierungsprozesse für SAM			
Planung für SAM	Implementierung von SAM	Überwachung und Überprüfung von SAM	Kontinuierliche Verbesserung von SAM
Kernprozesse von SAM			
Bestandserfassungsprozesse für SAM			
Softwarebestandserfassung	Softwarebestandsmanagement	Softwarebestandskontrolle	
Überprüfungs-und Compliance-Prozesse für SAM			
Softwarebestands-Aufzeichnungsüberprüfung	Software-Lizenzierungseinhaltung (Lizenz-Compliance)	Softwarebestands-Sicherheitseinhaltung	Konformitätsüberprüfung für SAM
Arbeitsablaufmanagementprozess und Nahtstelle für SAM			
Beziehungs-und Vertragsmanagement	Finanzmanagement für SAM	Leistungsmanagement für SAM (Service Level Management)	Sicherheitsmanagement für SAM
Primäre Prozessschnittstellen für SAM			
Lebenszyklus-Prozessschnittstellen für SAM			
Änderungsmanagementprozess	Softwareentwicklungsprozess	Softwareeinsatzprozess	Problem-Managementprozess
Anschaffungsprozess	Softwarefreigabe-Managementprozess	Störfall-Managementprozess	Ausmusterungsprozess

Tab. 2 ISO 19770 - Überblick über die Prozesse von SAM[47]

Dieses Modell erweitert das vorgestellte Praxismodell von Groll. Während sich das Praxismodell hauptsächlich auf die operative Ebene konzentriert, geht das ISO-Modell

---

[47] Groll, 1x1 des Lizenzmanagement, S. 285, Canavan, ISO19770-1:2012, S. 10f.

weit darüber hinaus und betrachtet das SAM auch aus der strategischen und taktischen Sicht. Die Gliederung des Modells in die drei Hauptbereiche gibt dies exakt wieder. Die organisatorischen Managementprozesse beziehen sich auf den SAM-
Rahmen, also Richtlinien und Verfahren, Rollen und Verantwortlichkeiten und setzen
sich mit der Fragestellung auseinander, wie SAM im Unternehmen eingeführt und kon-
tinuierlich weiterentwickelt werden kann. Die Kernprozesse haben die Erfassung der
Lizenzsituation und die Einhaltung der Lizenz-Compliance als Schwerpunkt. Darüber
hinaus werden dort die Schnittstellen zu anderen Unternehmensprozessen, wie dem
Beziehungs- und Vertragsmanagement definiert. Im dritten Bereich, der von der Idee
her dem Praxismodell von Groll gleicht, geht es um Lebenszyklusprozesse von Software, von der Anschaffung bis hin zur Ausmusterung. Zusätzlich werden an dieser
Stelle noch die Schnittstellen zu IT-Service-Management-Prozessen, wie Incident-
Management oder Problem-Management beschrieben.

Das ISO-Modell deckt die volle Bandbreite aller möglichen SAM-Prozesse ab. Es nor-
miert den SAM-Einführungsvorgang und stellt sicher, dass von der Governance-
Funktion bis hin zu den operativen Handlungen alles korrekt ausgerichtet ist, um erfolgreiches SAM zu betreiben. Der Standard ist unabhängig von Anbietern und Produkten,
es beschreibt eine universale Vorgehensweise und lässt den Unternehmen dadurch
den Freiraum die Prozesse je nach Stand und Reifegard individuell einzuführen. Es
gibt weiterhin keine Priorisierung zwischen organisatorischen Prozessen und Kernpro-
zessen. Diese Entscheidung wird den IT-Managern überlassen.[48] Die erfolgreiche Einführung und den Betrieb von SAM können sich Unternehmen zudem international
durch die ISO nach 19770-1 zertifizieren lassen und sich dadurch wertvolle Argumente
in Verhandlungen oder Audits mit Softwareherstellern- und Anbietern sichern.

3.5 Organisatorische Einordnung des SAM

Software-Asset-Management ist eine interdisziplinäre Aufgabe. Diese Aussage wurde
im vorherigen Kapitel verdeutlicht. Die Entstehung des SAM rührt aus der Zielsetzung,
die Compliance im Unternehmen zu bewahren und somit das ökonomische Risiko zu
beherrschen. Da es sich bei Software-Assets um Anlagen aus der IT handelt, sind
schon dadurch drei vertikale Bereiche der Aufbauorganisation eines Unternehmens
angesprochen:

1. Die Rechts- Compliance- oder Risikoabteilung zur Wahrung der Gesetzeskonformität

---

[48] Vgl. Canavan, ISO19770-1:2012, S.3

2. Der Einkauf zur Minimierung der Ausgaben und zur Verhandlung über neue Verträge und Bezugskanäle

3. Die IT, als Eigner der Software-Assets und als Verantwortlicher für die Sicherstellung der Lebenszyklus-Prozesse

Grundsätzlich gibt es keine fest definierte Stelle wo die Hauptverantwortung für das SAM anzusiedeln ist.[49] Es handelt sich um eine junge Disziplin und alle Variationen sind durchaus denkbar. Eindeutig steht jedoch fest, dass alle drei Einheiten eng miteinander arbeiten müssen und je nach Situation sowohl der Anforderer als auch der Lieferant von Informationen oder Prozessergebnissen sein können.

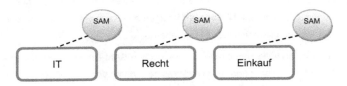

Abb. 11 Vertikale Einordnung im Unternehmen[49]

Auch in der horizontalen Ausrichtung einer SAM-Aufbauorganisation kann die Verteilung der Verantwortlichkeiten variieren (siehe Abb. 11). Folgende Ausrichtungen sind denkbar:

1. Zentrale SAM-Verantwortung in einer der definierten vertikalen Einheit (links oben im Schaubild)

2. Regionale SAM-Verantwortung ohne Konzentrierung der Verantwortung an einer zentralen Stelle (rechts oben im Schaubild)

3. Matrixorganisation mit zentraler Hauptverantwortung und dezentralen Kompetenzzentren (unten im Schaubild)

[49] Vgl. Groll, 1x1 des Lizenzmanagement, S. 82
[50] Eigene Darstellung

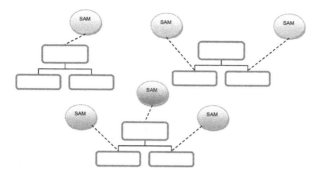

Abb. 12 Horizontale Einordnung im Unternehmen[51]

Die Einordnung von SAM in der Aufbauorganisation kann mannigfaltig gestaltet werden und sollte sich immer an den Unternehmensprozessen ausrichten. Die vorgestellten Formen geben lediglich einen Überblick darüber, an welchen Stellen der Aufbau und Einsatz der SAM-Kernkompetenz sinnvoll ist und wie es häufig in der Praxis gelebt wird.

3.6 Zusammenfassung

Dieses Kapitel hat eine allgemeine Einführung in das Software-Asset-Management gegeben. Die Begrifflichkeiten wurden definiert, Software-Asset-Management wurde von dem Begriff des Lizenzmanagements abgegrenzt und die Entwicklungshistorie dieser Disziplin wurde aufgezeigt. Studien haben jedoch dargelegt, dass obwohl SAM im Fokus der meisten Unternehmen steht, sich die Erfolge in Grenzen halten und uner-laubter Einsatz von Software immer noch ein großes Problem darstellt. Ihren Beitrag zu diesen Misserfolgen tragen die enormen Herausforderungen des SAM bei, die in die-sem Kapitel ausführlich benannt worden sind. Wenn es den Unternehmen jedoch ge-lingt, die gesetzten Ziele zu erreichen, so können sie erhebliche operative wie strategi-sche Potentiale realisieren. Unternehmen können sich als Hilfestellung vorhandene Modelle am Markt heranziehen und das SAM nach einem der vorgestellten Modelle ausrichten. Am Ende des Kapitels wurde SAM als Aufgabengebiet in die Aufbauorga-nisation eines Unternehmens einsortiert und mehrere Realisierungslösungen wurden aufgezeigt.

---

[51] Eigene Darstellung

4 Grundlagen – Software-Lizenz

4.1 Begriffsklärung

Als in den Anfängen des Computerzeitalters Applikationen fest an den Computer gebunden waren und nicht auf andere übertragen werden konnten, bestand für die Hersteller noch kein Bedarf den Umgang mit der Applikation durch Bestimmungen oder Lizenzen zu regeln. Durch die Entkopplung von Hardware und Software und den Fortschritt der Standardisierung in der Applikationsentwicklung musste der Umgang mit Software genauestens beschrieben und reglementiert werden. Software hat sich zu einem immateriellen Gut entwickelt, welches ohne viel Mühe und ohne erhebliche Zusatzkosten kopiert werden kann. In vielen Fällen liegt Software sogar nur digital vor und erfordert nicht mal mehr ein physikalisches Medium, wie eine CD, DVD oder ein USB-Speichermedium. Technisch kann Software dadurch problemlos in Betrieb genommen und so für den gedachten Zweck eingesetzt werden. Software ist jedoch das Ergebnis eines kreativen Prozesses, wie Bücher, Musik oder Filme, welches durch eine natürliche oder juristische Person geschaffen wurde und aus diesem Grund durch das Urheberrechtsgesetz geschützt ist.[52] Der Urheber ist berechtigt über die weitere Verwendung oder Verbreitung seiner Schöpfung zu bestimmen. Dieses Recht wird in der so genannten Software-Lizenz festgehalten, welche das Einverständnis des Herstellers zur Installation und Nutzung seiner Software darstellt und dem Endanwender, sofern er in Besitz dieser Softwarelizenz ist, dieses Recht einräumt. Ist der Endanwender nicht in Besitz einer Lizenz, hat die Software jedoch auf seinem Endgerät installiert und verwendet, so ist dieser Vorgang nicht rechtens. Erst nach der Zustimmung zu allen rechtlichen und vertraglichen Rahmenbedingungen in einem offiziellen Lizenzvertrag darf die Software im vereinbarten Rahmen eingesetzt werden. In der kommerziellen Welt erstreckt sich das Recht nur auf die Nutzung der Software im vereinbarten Zeitraum, in der festgelegten Menge und unter den geltenden Bedingungen. Der Lizenznehmer erlangt jedoch zu keiner Zeit das Eigentum an dem Urheberrecht. Ausnahme stellt die Software dar, die für kundenspezifische Zwecke entwickelt wurde und bei der das Urheberrecht an den Kunden abgetreten wurde.

4.2 Lizenzkategorisierung

Die Nutzungsbestimmungen, die der Urheber für seine Software wählt, sind nicht gesetzlich vorgegeben. Als Schöpfer des Produkts kann sich der Urheber für eine von

---

[52] Vgl. BSA, Software Asset Management, S.4

vielen Lizenzkategorien entscheiden. Die Kategorisierung der Software wird meist anhand von zwei Faktoren bestimmt: dem Lizenzmodell und dem Geschäftsmodell. „Auf
Geschäftsmodellseite unterscheidet man, ob Software auf Basis von Kundenwünschen
im Sinne eines Auftrags oder generell möglichst vielfältig einsetzbar für einen Mas-
senmarkt entwickelt wird. Das Lizenzmodell hingegen legt die dem Verbraucher zuge-
sprochene Rechte an der Software fest".[53] In der Abbildung 13 werden die unterschiedlichen Kategorien gegenüber gestellt und mit einigen Beispielen verdeutlicht:

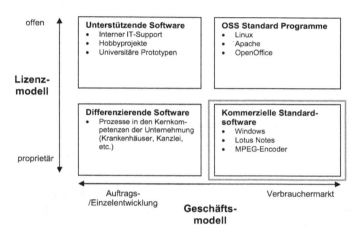

Abb. 13 Kategorisierung von Software[54]

Der Schwerpunkt der vorliegenden Arbeit liegt auf dem Bereich der proprietären Software für den Verbrauchermarkt (kommerzielle Standardsoftware). Als proprietäre Software wird Software bezeichnet, dessen Quellcode vom Hersteller nicht veröffentlicht
wird und durch den Lizenznehmer nicht verändert werden darf. Meist muss für die Nutzung dieser Software eine Gebühr an den Hersteller entrichtet werden. Für Unternehmen liegen in diesem Bereich die größte Komplexität und das höchste Risiko vor, da
Vertragsbrüche und die Nichteinhaltung von Lizenzbestimmungen in diesem Quadranten besonders kostspielig werden können. Ferner geben Unternehmen in diesem
Quadranten das meiste Geld für ihre Software aus, um die Betriebsprozesse am Laufen zu halten.

---

[53] Krcmar, Informationsmanagement, S.180
[54] Vgl. Brügge, Objektorientierte Softwaretechnik, S. 64

4.3 Klassische Modelle der Software-Lizenzierung

Im Bereich der kommerziellen Standardsoftware existiert eine große Vielfalt unterschiedlicher Lizenzmodelle. Die Anzahl der unterschiedlichen Lizenzmodelle kann darauf zurückgeführt werden, dass bei der Entwicklung und Produktion des immateriellen Guts sehr hohe Fixkosten im Vergleich zu sehr niedrigen variablen Kosten anfallen. Dieser Umstand erhöht den Gestaltungsspielraum bei der Preisbildung und somit bei der Wahl des zugrunde liegenden Lizenzmodells. Lizenzmodelle definieren nicht nur die rechtlichen Aspekte einer Software, wie z. B. die Nutzung der Software, sondern geben auch Auskunft in welcher Form die Überlassung der Software an den Kunden vergütet wird. Hierdurch lassen sich anhand des Lizenzmodells Aussagen zu den Lizenzkosten tätigen.[55]

Die am Markt vorhandenen Lizenzmodelle können durch die Einteilung in u. a. folgende Faktoren näher bestimmt werden.[56]

- Lizenzart (z. B. Einzellizenz, Mehrplatzlizenz)

- Lizenzklasse (z. B. Vollversion, Upgradeversion)

- Lizenztyp (z. B. pro Gerät, pro Nutzer)

- Lizenzmetrik (pro CPU, pro Transaktion)

Es existieren derzeit keine standardisierten Definitionen der genannten Begriffe. Aus diesem Grund kann die Bedeutung der Begriffe in der Literatur variieren. Als Basis für die vorliegende Arbeit dient die Einteilung nach Groll.

4.3.1 Die Lizenzart

Die Lizenzart stellt die erste Stufe der Bestimmung eines Lizenzmodells dar. Es gibt insgesamt zwei Lizenzarten: Die Einzelplatzlizenz und die Mehrplatzlizenz. Bei der Einzelplatzlizenz darf die erworbene Software auf genau einem System installiert und verwendet werden. Als System kommen beliebige elektronische Geräte in Frage, die diese Software verwenden können, z. B. Computer, Server, Terminals, Drucker, Scanner, etc. Die Einzelplatzlizenz ist genau für ein bestimmtes System gültig und kann nur dann auf ein anderes System übertragen werden, wenn es vom ersten System entfernt wird. Hier gilt es jedoch die Bestimmungen des Herstellers genau zu beachten, da sowohl die möglichen Systeme als auch die Übertragung von einem System auf ein anderes vom Hersteller und von der betroffenen Software abhängen. Einzelplatzlizenzen

---

[55] Vgl. Krcmar, Informationsmanagement, S. 182
[56] Vgl. Groll, 1x1 des Lizenzmanagements, S. 42

sind in der Regel Box-Produkte, die im Einzelhandel erworben werden können. Aber auch Lizenzen, die direkt vom Systemhersteller mit ausgeliefert und nur auf dem ausgelieferten System genutzt werden können, sogenannte OEM-Lizenzen, gehören zu den Einzelplatzlizenzen. Im Gegensatz zu den Einzelplatzlizenzen erlauben die Mehrplatzlizenzen dem Anwender die erworbene Software bis zu einer festgelegten Anzahl, unter Verwendung eines einzelnen Lizenzschlüssels auf mehreren Systemen zeitgleich einzusetzen. Häufig wird diese Lizenzart dann verwendet, wenn große Mengen einer Software zum Einsatz kommen. Aus Sicht der Unternehmen können hierdurch Mengenrabatte erzielt werden, da bei großen Abnahmemengen größere Verhandlungserfolge möglich sind. Unternehmen schließen mit den Softwareherstellern Volumenverträge ab und können dadurch zusätzliche Verwaltungsaufwände, wie die Eingabe eines Lizenzschlüssels bei der Installation einer Software minimieren. Mit einheitlichen Lizenzschlüsseln aus dem Volumenvertrag können die Installationsprozesse sehr schlank gehalten und vollständig automatisiert werden.

4.3.2 Die Lizenzklasse

Ein weiterer Faktor zur näheren Bestimmung des Lizenzmodells stellt die Lizenzklasse dar. Die Lizenzklasse gibt an, ob es sich bei der Software um eine Vollversion, eine Upgradeversion oder ein AddOn handelt. Die folgende Tabelle gibt eine Übersicht über die vorhandenen Lizenzklassen:

Lizenzklasse	Beschreibung
Vollversion	Beschreibt, dass keine vorhergehende Version für den rechtskonformen Einsatz vorausgesetzt wird und die beschriebenen Funktionen keinen Beschränkungen unterliegen
Upgrade	Beschreibt einen Wechsel zu einer höheren Version (z. B. von 2.5 auf 3.0), setzt eine Vollversion des gleichen Softwareprodukts voraus, um bestimmte Funktionen weiter ausführen zu können, oder aber um den lizenzkonformen Nachweis zu führen. Ein Upgrade-Produkt ist immer kostenpflichtig. Um lizenzkonform zu sein, muss der „Upgradepfad" lückenlos nachweisbar sein.
Cross-Upgrade	Beschreibt ein Softwareprodukt, das als Voraussetzung für die rechtskonforme Verwendung ein ähnliches Produkt eines anderen Herstellers fordert, an sich aber eine Vollversion darstellt und immer kostenpflichtig ist.
Update	Beschreibt einen kleinen Wechsel innerhalb einer Version (z. B. von 2.5 auf 2.6) und geht einher mit einer Behebung von Fehlern; wird häufig auch als „Hotfix", „Aktualisierung", „Sicherheitsrelease" oder „Patch" be-

	zeichnet und oft im Rahmen eines Wartungsvertrags mit angeboten.
AddOn	Beschreibt eine zusätzliche Komponente zu einer Software, die auch lizenz-und kostenpflichtig sein kann.
AddOn-Upgrade	Beschreibt eine zusätzliche Komponente zu einer Software, die auch lizenz-und kostenpflichtig sein kann, in der Form eines Upgrades
CAL Client Access License	Sonderform: Wenn ein Gerät oder Nutzer auf einen Server zugreift und dessen Dienste verwendet (als Lizenztyp eine Geräte oder Nutzer-CAL). CALs sind immer kostenpflichtig.
CAL-Upgrade	Sonderform als Upgrade: Wenn ein Gerät oder Nutzer auf einen Server zugreift und dessen Dienste verwendet (als Lizenztyp eine Geräte oder Nutzer-CAL). CALs sind immer kostenpflichtig.

Tab. 3 Lizenzklassen[57]

4.3.3 Der Lizenztyp

Der Lizenztyp nach Groll stellt die dritte Säule der Bestimmung des Lizenzmodells dar. Nach Groll wird durch den Lizenztypen ein Bestandteil der rechtskonformen Verwendung der Software formuliert.[58] Die Verwendung der Software kann sich auf den Nutzer oder auf das Gerät beziehen, auf dem die Software installiert wird. Der Lizenztyp kann auch einschränkende Bestimmungen enthalten, dass z. B. die Software nur auf einem Server eingesetzt wird, der höchstens zwei CPU-Kerne hat. Hat der Server vier Kerne, so muss die doppelte Anzahl an Lizenzen für diesen einen Server vorgehalten werden, obwohl die Lizenz zu dem „pro Gerät"-Typen gehört. In der nachfolgenden Tabelle werden die gängigsten Lizenztypen nach Groll aufgelistet:

Lizenztyp	Beschreibung
Pro Gerät	Erlaubt die Nutzung der Lizenz pro Gerät; auch Pro Device genannt
Pro Nutzer	Erlaubt die Nutzung der Lizenz pro Nutzer; auch Pro User genannt
Pro CPU	Als Sonderform der „pro Gerät"-Nutzung: Erlaubt die Nutzung pro CPU. Dieser Lizenztyp wird meistens im Umfeld von Software für Server-und Großrechnersysteme angewendet. Die Lizenzmetrik bestimmt dann, auf wie vielen CPUs die Lizenz die Lizenz gleichzeitig genutzt werden darf.

Tab. 4 Die gängigsten Lizenztypen[59]

---

[57] Groll, 1x1 des Lizenzmanagements, S. 45
[58] Vgl. Groll, 1x1 des Lizenzmanagements, S.45
[59] Vgl. Groll, 1x1 des Lizenzmanagements, S. 46

Im Bereich der Office-Anwendungen ist der gängigste Typ die „pro-Gerät"-Lizenz. Aufgrund der simplen Metrik ist sie für die Unternehmen auch am einfachsten zu messen und zu lizenzieren. Hier müssen lediglich die vorhandenen Installationen in dem Unternehmensnetzwerk gezählt und mit den kaufmännisch erworbenen Lizenzen verglichen werden, um eine Lizenzbilanz zu erstellen. Die Komplexität in den Lizenzmodellen steigt speziell in den Server-Landschaften rapide an. Die meist komplexe Lizenzmetrik verhindert die einfache Bildung einer Lizenzbilanz, da nicht mehr mit ganzzähligen physischen Anlagen oder der Anzahl der Mitarbeiter gerechnet wird, sondern eine vom Hersteller definierte Maßeinheit die Kalkulation vorgibt. Das nächste Kapitel gibt eine kurze Einführung in die Lizenzmetriken und nennt einige wichtige Beispiele.

4.3.4 Die Lizenzmetrik

Bei der Lizenzmetrik handelt es sich um eine Maßeinheit, die angibt, wie der „Verbrauch" einer Lizenz gezählt werden soll. Der technische Fortschritt zwingt Softwarehersteller dazu ihre Metriken zu erweitern und anzupassen. Die Einführung von Prozessoren mit mehreren Prozessorkernen hat dazu geführt, dass viele prozessorabhängige Metriken zu kernbasierten Metriken verändert wurden. Diese Maßeinheit kann bis auf die Ebene der Transaktionen herunter gebrochen werden oder sich aus Kennziffern ableiten, die sich anhand der Leistungsfähigkeit einer Hardwarekomponente zusammensetzen. So werden IBM-Softwareprodukte nach einer eigens von der IBM definierter Maßzahl, der Processor Value Unit (PVU) lizenziert. Es wird von der IBM für jeden Prozessor eines IBM-Servers ein PVU-Wert bestimmt. Die Software wird dann nach PVU-Mengen lizenziert. Je nach PVU-Wert des Servers kann die Software auf einem, zwei oder auch drei Servern laufen, solange die zulässige PVU-Gesamtmenge nicht überschritten wird. Dies verdeutlicht die Komplexität bei der Erstellung einer Lizenzbilanz. Die Anzahl der Server, die diese Software betreiben, gibt keinerlei Auskunft über den Compliance-Status. An dieser Stelle sind die Verantwortlichen dennoch in der Nachweispflicht darzulegen, dass die Software innerhalb der erlaubten PVU-Menge eingesetzt wird, obwohl die direkte Messung nicht ohne Weiteres möglich ist. Die Möglichkeit eigene Lizenzmetriken frei zu definieren ist im Urhebergesetz verankert und unterliegt keiner allgemeinen oder rechtlichen Vorgabe. Die Metrik, die in den Nutzungsbestimmungen akzeptiert wird, muss bei der Berechnung der Lizenz-Compliance auch die Basis bilden. Das Lizenzmodell ist somit ein ausschlaggebendes Kriterium, wann eine Unterlizenzierung und wann eine Überlizenzierung vorliegt.

4.4 Lizenzmodelle der Zukunft

Bei den bisher beschriebenen Modellen wird davon ausgegangen, dass das betroffene Unternehmen die Software vom Softwarehersteller in einer bestimmten Version und Edition erwirbt und diese im Sinne der Lizenzbestimmungen einsetzt. Diese Formen der Lizenzierung können als klassische Lizenzmodelle bezeichnet werden. Im Gegensatz dazu entwickeln sich heute neue, von den klassischen Modellen abweichende Formen der Lizenzierung. Sie haben ihren Ursprung in dem Everything-as-a-Service-Paradigma. Bezogen auf Software, versteht man unter Software-as-a-Service (SaaS) eine vereinbarte Dienstleistung, die dem Unternehmen gegen eine regelmäßige Gebühr oder Miete, Zugang zu einem zentral verwalteten und meist verteiltem Software-System ermöglicht.[60] Das Unternehmen braucht die Software somit nicht mehr käuflich zu erwerben, muss diese nicht mehr bei sich verwalten und kann online auf die stets aktuelle Version zugreifen. Der entscheidende Vorteil dabei ist, dass die Software für den Endanwender mit der gewohnten Anwendungsoberfläche zur Verfügung gestellt wird.[61] Speziell im Zeitalter des geräteunabhängigen, mobilen Zugriffs auf gemeinsam genutzte Daten stellt diese Variante des Lizenzmodells eine vielversprechende Lösung für den Office-Bereich dar. Meist sind Mietmodelle auf den Endnutzer ausgerichtet und vereinfachen dadurch die interne Überwachung der Lizenz-Compliance für SaaS-Lösungen. Entweder der Nutzer hat den Zugriff und kann sich über das Internet bei dem Provider authentifizieren oder er kann die Software erst überhaupt nicht nutzen. Abgerechnet wird am Ende die Nutzung und die Gefahr einer Unterlizenzierung ist gar nicht existent. Trotz des zunächst einfachen Lizenzmodells besteht dafür für Unternehmen ein anderes Risiko, aus welchem Grund die SaaS-Modelle noch nicht vollständig Einzug in die Unternehmen gehalten haben. Dadurch, dass die Software auf den Servern der Betreiber liegt, werden vertrauliche und interne Firmendaten ebenfalls auf den Servern zwischengespeichert und verarbeitet. Speziell in Deutschland, wo die Datenschutzrichtlinien sehr weit fortgeschritten sind, sind solche Lösungen nicht ganz unumstritten.

4.5 Schlussfolgerungen aus der Vielfalt der Lizenzmodelle

Wie dieses Kapitel dargelegt hat, existieren etliche Lizenzmodelle, die im Software-Asset-Management, speziell in der Lizenzverwaltung, betreut und überwacht werden müssen. Das Wettrennen zwischen der Effizienzbestrebung und dem damit verbundenem technischen Fortschritt auf der einen Seite und den immer komplexer ausgestalte-

---

[60] Vgl. Krcmar, Informationsmanagement, S. 170
[61] Vgl. Ammann, Rechtssicheres IT-Lizenzmanagement, S. 86

ten Lizenzmodellen auf der anderen Seite hat zur Folge, dass sich Unternehmen mit der vollen Bandbreite der vorhandenen Lizenzmodellen auseinandersetzen müssen. Denn der Nachweis einer korrekten Lizenzierung erfordert die Kenntnis über verwendete Modelle und Metriken. In der Praxis ist eine vollständige Verwaltung aller Lizenzmodelle schier unmöglich[62], daher können sich die Unternehmen nur auf die häufigsten Modelle konzentrieren und diese in vollem Umfang verwalten. Dazu gehören hauptsächlich die „pro Gerät-„ und „pro Nutzer"-Modelle, da an dieser Stelle ein sehr hoher Automatisierungsgrad bei der technischen Erfassung und Lizenzvermessung erreicht werden kann. Bei den verbliebenen Modellen bleibt dem Unternehmen letztlich nichts anderes übrig, als stets individuell und fallbezogen die korrekte Nutzung nach geltendem Lizenzmodell zu prüfen.

---

[62] Vgl. Groll, 1x1 des Lizenzmanagements, S.51

5   Reifegradmodelle im SAM

5.1   Einleitung und Definition

Mit den ersten, grundlegenden Kapiteln wurde eine Einführung in das Software-Asset-Management gegeben und SAM als ganzheitlicher Unternehmensprozess definiert. Zusätzlich wurden die Herausforderungen der heutigen IT im Bereich des Lizenzmanagements dargelegt und am Beispiel der komplexen Lizenzmetriken die prekäre Lage verdeutlicht. Das Ziel dieser Arbeit besteht darin, Unternehmen einen Weg aufzuzeigen mit exakt diesen Herausforderungen umzugehen und sie erfolgreich anhand eines Leitfadens zu meistern. Dieser Leitfaden ist an große und mittelständische Unternehmen gerichtet und muss daher eine gewisse Allgemeingültigkeit aufweisen, um dieser Zielgruppe gerecht zu werden. Unternehmen müssen sich in dem Leitfaden, unabhängig vom aktuellen Zustand und der Entwicklung ihres Software-Asset-Managements, wiederfinden und sich einordnen können. Hierfür ist im Idealfall eine ganzheitliche Prozessprüfung notwendig, um eine objektive Einordnung des Unternehmens vornehmen zu können. Hierzu kann das Unternehmen auf den folgenden Regelkreis zurückgreifen.

- Analyse und Einschätzung der eigenen Fähigkeiten im Sinne einer Statusanalyse

- Vergleich der eigenen Fähigkeiten mit denen der Wettbewerber in der betreffenden Branche

- Bestimmung einer angestrebten Sollgröße auf der Grundlage der aktuellen, eigenen Fähigkeiten und denen der Wettbewerber[63]

In der Theorie und Praxis existieren mehrere Möglichkeiten, wie Unternehmen sich solch einer „Standortbestimmung" unterziehen können. Zum einen gibt es den Weg eines standardisierten Audits mit vorgegebenen Anforderungen nach ISO oder DIN. Etwas schneller, aber eventuell nicht ganz so präzise und objektiv stellen sogenannte Benchmarks dar. Es handelt sich dabei um einen Vergleich von mehreren Unternehmen untereinander, der dazu dienen soll die eigenen IT-Prozesse zu analysieren und zu bewerten. Hierzu werden bestimmte Kennzahlen definiert, die Aussagen über die Prozessqualität ermöglichen. Die Benchmark-Unternehmen führen interne Messungen dieser Kennzahlen durch und vergleichen ihre Ergebnisse in einer offenen Diskussionsrunde. Einen anderen Weg der Standortbestimmung stellen Reifegradmodelle dar, die ausgewählte Prozesse anhand von objektiven Reifegraden bewerten. Sie sind aus-

---

[63] Vgl. Johannsen, Referenzmodelle für IT-Governance, S. 87

sagekräftiger als die reine Analyse und der Vergleich nach Kennzahlen und können dennoch auch selbstständig durchgeführt werden.[64]

„Ein Reifegradmodell bewertet die Reife einer Einheit, z. B. eines Prozesses, einer Gruppe von Prozessen oder einer Organisation, in mehrere Stufen. Jeder Einheit kann ein adäquater Reifegrad zugewiesen werden, bis zu dem die Einheit schrittweise verbessert wird".[65]

Dieses Kapitel gibt einen Überblick über bestehende Modelle, die zur Einordnung der Reifegrade im Software-Asset-Management herangezogen werden können. Es benennt die wichtigsten Eigenschaften der Modelle, vergleicht diese miteinander, kombiniert und integriert die wichtigsten Aspekte der genannten Modelle in einem für diese Arbeit gültigen Referenzmodell. Ziel ist die Erstellung eines für das Software-Asset-Management angepassten Reifegradmodells, welches als Grundlage für den später zu erstellenden Leitfaden dienen soll.

5.2 Grundlegende Charakteristika

Allen Reifegradmodellen liegt die Idee zugrunde, den Entscheidungsträger eines Unternehmens Hilfestellungen bei der Weiterentwicklung ihrer Organisation zu geben.[66] Die Modelle konzentrieren sich ausschließlich auf ausgewählte Managementthemen mit punktuellen Vertiefungen in spezifischen Bereichen.[67] Die dort verwendeten Reifegrade sind oftmals in fünf Stufen eingeteilt. Die einzelnen Stufen stellen einen typischen Entwicklungsplan des Unternehmens in dem bewerteten Bereich dar.

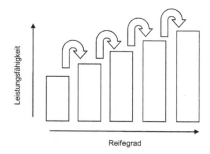

Abb. 14 Reifegradstufen und steigende Leistungsfähigkeit[68]

---

[64] Vgl. Groll, 1x1 des Lizenzmanagements, S. 121
[65] Reifegrad-Definition nach Mangiapane, Modernes IT Management, S. 13
[66] Vgl. Lang, Innovationsorientiertes IT-Management, S. 199
[67] Vgl. Daniel, Managementprozesse und Performance
[68] Eigene Darstellung

Der Aufstieg in die nächsthöhere Stufe entspricht einer Verbesserung der Leistungsfähigkeit. Diese kann sowohl eine qualitative als auch eine quantitative Ausprägung haben. Alle Reifegradmodelle beginnen mit der niedrigsten Stufe, dem Anfangsstadium, bei der der bewertete Prozess noch nicht oder nur rudimentär im Unternehmen etabliert ist. Mit zunehmender Reife erreicht das Unternehmen eine konstante Verbesserung des bewerteten Gegenstands. Die letzte Stufe stellt dem bewerteten Prozess die volle Reife aus, einschließlich eines eingeführten, kontinuierlichen Verbesserungsprozesses. Bevor Unternehmen jedoch in den Zyklus der stetigen Verbesserung kommen, müssen vor der Durchführung von effektiven Verbesserungsmaßnahmen diese erst identifiziert und definiert werden. Dazu ist es unabdingbar, dass Unternehmen sich einer Analyse der aktuellen Situation stellen.[69] Um einen höheren Reifegrad zu erreichen, müssen bestimmte Voraussetzungen erfüllt werden. Abhängig vom verwendeten Reifegradmodell sind die Bedingungen für die jeweilige nächste Stufe fest definiert.

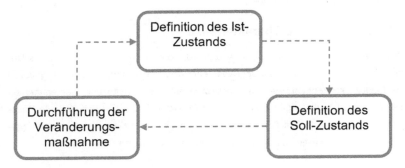

Abb. 15 Veränderungsprozess zwischen den Reifegraden[70]

5.3   Referenzmodelle zur Bestimmung des Reifegrades

Wie bereits im letzten Kapitel definiert, handelt es sich bei Referenzmodellen um Informationsgerüste, welche nicht nur im Kontext der ihrer Konstruktion zugrunde liegt, sondern auch in weiteren Anwendungskontexten verwendet werden können.[71] Sie erheben dadurch den Anspruch auf Allgemeingültigkeit in einem bestimmten Einsatzumfeld. Im Zusammenhang mit dieser Arbeit und speziell im Bereich der Reifegradmodelle im Software-Asset-Management können Referenzmodelle als Vergleichsstandard genutzt werden. Unternehmen können durch die Modelle ihren Reifegrad im SAM genau bestimmen und sich dadurch mit anderen Unternehmen am Markt vergleichen.

---

[69] Vgl. Becker et al., Entwicklung von Reifegradmodellen für das IT-Management
[70] Eigene Darstellung
[71] Vgl. Becker, Bezugsrahmen zur epistemologischen Positionierung der Referenzmodellierung

Unter den am Markt vorhandenen Modellen hat insbesondere ein Modell erheblich dazu beigetragen, dass auch im Software-Asset-Management sich Reifegradmodelle als wichtiger Bestandteil eines kontinuierlichen Verbesserungsprozesses durchgesetzt haben. Viele andere Modelle sind angelehnt oder orientieren sich stark am CMMI, dem Capability Maturity Model Integration.

5.3.1 Capability Maturity Model Integration (CMMI)

Das Capability Maturity Model Integration (CMMI) ist ein Referenzmodell zur Verbesserung von Prozessen, die der Beschaffung, der Entwicklung, dem Betrieb und der Wartung von Software dienen.[72] Das CMMI existiert in unterschiedlichen Ausprägungen und konzentriert sich in den einzelnen Submodellen auf die Schwerpunktthemen Softwareentwicklung (CMMI for Development), Softwarebeschaffung (CMMI for Acquisition) und der allgemeinen Verbesserung von Organisationen, die Dienstleistungen erbringen (CMMI for Services).[73] Das CMMI entstand aus dem Vorgängermodell, dem Capability Maturity Model (CMM), das 1987 aus dem Bestreben heraus entwickelt wurde, Standardisierungen in Softwareentwicklungsprojekten zu erreichen und die Transformationsphase von der Entwicklung bis hin zur Produktivsetzung zu beschleunigen.[74] Es wurden fünf Reifegrade definiert, die auch noch im heutigen CMMI-Modell ihre Anwendung finden. Im CMMI wird zwischen zwei Reifegrad-Typen unterschieden. Der erste Typ, der kontinuierliche Ansatz, betrachtet einzelne Prozessgebiete. Prozesse können unabhängig von dem gesamten Prozessportfolio bewertet und in das Modell eingeordnet werden. Die Prozessorganisation als Ganzes spielt bei diesem Ansatz keine Rolle. Um die beiden Typen voneinander zu trennen, werden die Reifegrade im kontinuierlichen Ansatz auch Fähigkeitsgrade genannt. Beim zweiten Typen, dem Stufenmodell, beziehen sich die Stufen auf die Reife der gesamten Organisation und stehen dadurch hierarchisch über den Fähigkeitsgraden. Die Stufen geben jeweils bestimmte Mindestanforderungen vor, die von allen Prozessen erfüllt sein müssen. Der Schwerpunkt der Arbeit liegt auf der Betrachtung der gesamten Organisation. Um jedoch als Unternehmen eine höhere Reife im SAM zu erlangen, werden bestimmte Prozesse und Prozessgruppen in einer dafür notwendigen Güte zwingend vorausgesetzt. Aus diesem Grund spielt der kontinuierliche Ansatz eine wichtigere Rolle, speziell bei der Ableitung von Verbesserungsmaßnahmen aus der aktuellen Situation. Die folgende Tabelle gibt eine Übersicht über den Aufbau der Reifegrade des Stufenmodells:

---

[72] Vgl. Johannsen, Referenzmodelle für IT-Governance, S. 242

[73] Vgl. Beims, IT-Service Management mit ITIL, S. 215

[74] Vgl. Baskarada, Information Quality Management Capability Maturity Model, S. 43

Reifegradstufe	Beschreibung
1 (initial)	Prozesse und Projekte laufen mehr oder weniger willkürlich ab und besitzen keine Steuerungsmechanismen. Entscheidungen und Vorgehensweisen sind reaktiv getrieben.
2 (managed)	Projekte und Prozesse laufen organisierter ab, grundlegende Werkzeuge zur Planung, Steuerung und Kontrolle von Zeit, Qualität und Kosten werden wahrgenommen. Die gesamte Abwicklung läuft stabiler und lässt sich in anderen Projekten wiederholen. Dennoch ist der Ablauf noch nicht standardisiert.
3 (defined)	Projekte und Prozesse folgen einer unternehmensweiten, eingeführten Standardvorgehensweise. Sowohl Managementaufgaben als auch operative Themen sind darin verankert. Methoden zur kontinuierlichen Prozessverbesserung sind implementiert.
4 (quantitatively managed)	In der vierten Stufe werden die Prozesse und Projekte anhand von definierten Metriken gemessen und in einem zentralen System gesammelt. Mit den durchgeführten Messungen können statistische Auswertungen und Reportings erstellt werden, die zur aktiven Steuerung und zu fundierten Managemententscheidungen herangezogen werden können.
5 (optimized)	Die in der vorherigen Stufe gewonnen Informationen werden für die kontinuierliche Verbesserung des Prozesses verwendet. Innovative Ideen und Technologien werden zielgerichtet zur Festigung und zur Steigerung des erreichten Qualitätsniveaus eingesetzt.

Tab. 5 Reifegrade von CMMI[75]

Die Fähigkeitsgrade weisen eine etwas andere Bewertung auf:

Fähigkeitsgrade	Beschreibung
0 (incomplete)	Bei einem unvollständigen Prozess handelt es sich um einen Prozess, der nicht oder nur teilweise funktioniert.
1 (performed)	Ein geführter Prozess ist zwar im Unternehmen vorhanden

---

[75] In Anlehnung an Lang, Innovationsorientiertes IT-Management, S. 201

	und trägt einen Mehrwert zur Ergebniserreichung bei, er ist jedoch noch nicht institutionalisiert worden.
2 (managed)	Hierbei handelt es sich um einen beschrieben Prozess, der planmäßig durchgeführt wird und dessen Betrieb sich nach definierten Richtlinien richtet. Der Prozess wird überwacht und auf Einhaltung des vorgehsehen Nutzen geprüft.
3 (defined)	Diese Stufe stellt den letzten Entwicklungsgrad eines Prozesses dar. Der Prozess ist so gut definiert und standardisiert, dass er überall im Unternehmen gleichermaßen abläuft und sich das Ergebnis des Prozesses genaustes bestimmen lässt. Der Prozess richtet sich ferner an den Unternehmensrichtlinien aus und unterliegt einer ständigen Überprüfung auf mögliche Prozessverbesserungen.

Tab. 6 Fähigkeitsgrade nach CMMI[76]

5.3.2 Erkenntnisse aus dem CMMI-Modell

Das vorgestellte CMMI Modell bietet zwei wichtige Kernaspekte bei der Erstellung eines für diese Arbeit relevanten SAM-Reifegradmodells und somit auch bei der Entwicklung eines Leitfadens. Ein Leitfaden sollte sich an den aktuellen Gegebenheiten eines beliebigen Unternehmens ausrichten, d. h. er muss beim Einstieg generisch genug sein. Generisch in dem Sinne, dass alle Unternehmen, die Optimierungsbedarf im SAM sehen, mit dem Leitfaden arbeiten können. Definierte Reifegrade eigenen sich hervorragend, um einen Einstieg und eine genaue Selbsteinschätzung zu ermöglichen. Die zweite wichtige Erkenntnis ist die Unterscheidung zwischen Reifegraden der gesamten Organisation und den Fähigkeitsgraden auf Prozessebene, die zusammenaddiert die gesamte Organisation widerspiegeln. Eine Organisation ist nur so stark, wie ihre einzelnen Prozesse oder Prozessgruppen. Bestimmte Reifegrade können mit unterdurchschnittlichen Fähigkeitsgraden nicht erreicht werden, da die Fähigkeitsgrade Bestandteile der Gesamtbewertung darstellen. Der Gesamtreifegrad ist somit höchstens so hoch, wie der schwächste Fähigkeitsgrad eines Prozesses oder Prozessblocks. Als Zusammenfassung kann für das zu entwickelnde Reifegradmodell festgehalten werden, dass SAM als Gesamtorganisation in einzelne Prozessengruppen/ Kompetenzgruppen aufgeteilt werden und die Einordnung des Reifegrads auf Basis der Unterprozesse/ Unterkompetenzen erfolgen kann. Solange eine Kompetenz nicht das Mindest-

---

[76] Vgl. SEI, CMMI for Services, S. 36f

maß an Reife erfüllt, kann das Unternehmen nicht den nächsthöheren Reifegrad erlangen. Das folgende Schaubild stellt diese Struktur grafisch dar:

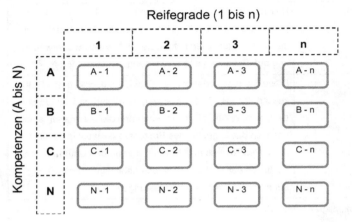

Abb. 16 Genereller Aufbau eines SAM-Reifegradmodells[77]

5.4 Das COBIT-Reifegradmodell

Das COBIT-Reifegradmodell ist ein weiteres, generisches Modell zur Bestimmung und zur stetigen Verbesserung des Reifegrades eines Prozesses oder Prozessblockes in einem Unternehmen. Das Modell ist von CMMI sehr stakt abgeleitet und ermöglicht die systematische Evaluierung des Reifegrades von IT-Prozessen. Im Rahmenwerk, welches auf dem kontinuierlichen Entwicklungsansatz (Fähigkeitsgrade) basiert, werden die einzelnen Prozesse beleuchtet und je nach Reifegrad in eine der folgenden sechs Stufen einsortiert. Trotz der Konzentration auf die Reife der einzelnen Prozesse und nicht den Reifegrad der gesamten Organisation, bietet COBIT einige wichtige Hinweise auf den Entwicklungspfad und benennt wichtige übergeordnete Bewertungskriterien, sogenannte Maturitätsattribute. Diese Informationen sind für die abschließende Entwicklung eines eigenen Reifegradmodells von enormer Wichtigkeit.

Reifegradstufe	Beschreibung
0 (non-existent)	Der Prozess existiert nicht mal ansatzweise. Die bestehenden Herausforderungen sind nicht entdeckt. Die Organisation hat an dieser Stelle eine unbewusste Inkompetenz, da sie weder das Problem noch den Handlungsbedarf identifiziert hat.

---

[77] Vgl. Johannsen, Referenzmodelle für IT-Governance, S. 88

1 (initial/ ad hoc)	Die Organisation hat die Probleme erkannt und wechselt in das Stadium der bewussten Inkompetenz. Für die erkannten Probleme liegen noch keine Lösungen vor, ein strukturierter und standardisierter Prozess ist noch nicht vorhanden. Es wird ad hoc/ fallbasiert reagiert. Ein Managementansatz ist nicht erkennbar.
2 (repeatable but intuitive)	IT-Prozesse sind soweit aufgesetzt, dass unterschiedliche Personen ähnliche Vorgehensweisen verfolgen. Es gibt jedoch keine Schulungen und kein standardisiertes Kommunikationsmuster. Qualität ist vom Wissen und Können Einzelner abhängig. Hohe Fehlerhäufigkeit liegt noch vor.
3 (defined)	Es existieren standardisierte und dokumentierte Vorgehensweisen. Die Einhaltung wird jedoch vom Unternehmen nicht konsequent gefordert und vom Einzelnen dementsprechend nicht immer eingehalten. Abweichungen sind daher schwer aufzudecken.
4 (managed and measureable	Der Grad der erreichten Übereinstimmungen mit definierten Vorgehensweisen kann überwacht und gemessen werden. Diese werden kontinuierlich verbessert, jedoch sind sie noch nicht automatisiert, bzw. der Tooleinsatz erfolgt in begrenzter und fragmentierter Weise.
5 (optimized)	Die Vorgehensweisen sind auf gängiges Best-Practice-Niveau entwickelt worden. Kontinuierliche Verbesserungen und regelmäßige Selbstüberprüfungen des Reifegrads sind bereits Bestandteil des Prozesses. Der Einsatz des Prozesses erfolgt hochintegriert und vollautomatisiert. Die IT bietet dem Unternehmen damit ein Werkzeug, um schnell und adaptiv zu reagieren.

Tab. 7 Reifegrade in COBIT [78]

Die einzelnen Prozesse werden nach COBIT auf bestimmte Attribute/Kompetenzen untersucht. Je nachdem wie gut der Prozess bewertet wird, hängt von der Ausprägung

---

[78] Vgl. Johannsen, Referenzmodelle für IT-Governance, S. 88

des jeweiligen Attributes ab. Folgende Maturitätsattribute finden sich im COBIT-
Modell[79]:

- **Bewusstsein und Kommunikation**

  Dieses Attribut spiegelt die Reife des Unternehmens wider, wie bewusst die vorliegenden Problemfelder wahrgenommen und wie daraus aktiv Potentiale entwickelt
  werden. Zusätzlich wird darauf geachtet, wie das Unternehmen die Kommunikation
  steuert und ob diese standardisiert, proaktiv und zielführend abläuft.

- **Regeln, Pläne und Verfahren**

  An dieser Stelle wird der Anwendungsgrad von sinnvollen Regeln und Verfahren
  bewertet. Es wird untersucht, ob das Unternehmen verfügbare Best-Practices einsetzt, ob die Dokumentation der Regeln jedem zugänglich vorliegt und ob Prozesse
  standardisiert und automatisiert ablaufen.

- **Werkzeuge und Automatisierung**

  Dieser Bereich bezieht sich auf den Grad des Einsatzes von Werkzeugen. Für eine
  hohe Einstufung sollten die verwendeten Tools in die Prozess-und Systemland-
  schaft vollständig integriert sein und dem Unternehmen durch einen hohen Automatisierungsgrad einen Mehrwert bringen.

- **Fertigkeiten und Erfahrung**

  Etablierte, regelmäßige Trainings zur Steigerung der Fähigkeiten der verantwortlichen Personen werden bei diesem Attribut genauestens beleuchtet. Exzellentes
  Wissensmanagement und aktiver Wissensaustausch führen hier zu guten Bewer-
  tungen.

- **Verantwortung und Rechenschaft**

  Bei diesem Attribut bilden klare Rollen und Aufgabenteilungen die Grundlage der
  Einstufung. Wenn bei dem bewerteten Prozess Prozesseigener definiert sind, die
  mit genügend Kompetenzen ausgestattet sind und die Verantwortung für eine kontinuierliche Verbesserung des Prozess tragen, ist dies ein Hinweis für eine hohe Prozessreife

- **Zielsetzung und Erfolgsmessung**

  Eine gesteuerte, kontinuierliche Prozessoptimierung ist unerlässlich für die Entwicklung des Unternehmens. Bei diesem Attribut wird viel Wert darauf gelegt, ob das
  Unternehmen im Sinne eines Controlling-Kreislaufs agiert und aus den gemessenen

---

[79] Vgl. Johannsen, Referenzmodelle für IT-Governance, S. 89 und Baskarada, Information Quality Management Capability Maturity Model, S. 50

Kennzahlen die richtigen Schlüsse und Maßnahmen zieht, um den Prozess ganz-heitlich zu optimieren.

5.4.1 Erkenntnisse aus dem COBIT-Modell

Von dem Grundaufbau bietet das COBIT-Modell keine Neuerungen im Vergleich zum CMMI-Modell. COBIT geht jedoch detaillierter auf die einzelnen Kompetenzen ein, die bei der Prozessbetrachtung und -bewertung herangezogen werden. COBIT liefert dadurch einen Hinweis, wie etwa die Reife eines Prozess besser erfasst werden kann und welche Schritte zu unternehmen sind, um eine Stufe aufzusteigen. Zusammenfas-send können aus diesem Modell folgende Kernaspekte extrahiert und für das SAM-Reifegradmodell festgehalten werden:

Die genannten Maturitätsattribute liefern den ersten konkreten Hinweis auf den zukünf-tigen Aufbau des SAM-Reifegradmodells. Die Attribute stellen relevante SAM-Kompetenzen dar und werden in ähnlicher Form in das hier entwickelte SAM-Reifegradmodell einfließen. Folgende Attribute sind nach COBIT von enormer Wichtig-keit und geben Rückschluss auf die Prozessreife:

- Bewusstsein und Kommunikation (Bew & Komm)

- Regeln, Pläne und Verfahren (Reg, Verf)

- Werkzeuge und Automatisierung (Werk & Aut)

- Fertigkeiten und Erfahrungen (Fert & Erf)

- Verantwortung und Rechenschaft (Ver & Rech)

- Zielsetzung und Erfolgsmessung (Ziel & Erfolg)

Sie können in unterschiedlichen Reifen vorliegen, von rudimentär, bzw. nicht-existent (Reife 1) bis hin zu vollständig optimiert (Reife n). Übertragen auf das SAM-Reifegradmodell kann die bisherige Abbildung (Abb. 16) um diese Informationen erwei-tert werden:

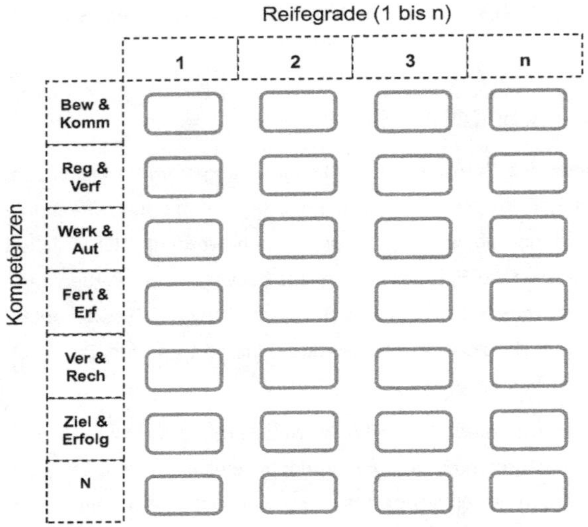

Reifegrade (1 bis n)

Abb. 17 Erweiterung des bisherigen Modells nach COBIT[80]

Die Untersuchung der weiteren Referenzmodelle wird Aufschluss darüber geben, ob noch weitere Kompetenzen in das SAM-Reifegradmodell aufgenommen werden und wie die einzelnen Ausprägungen dieser Kompetenzen im Detail aussehen können.

5.5 ITIL – Process Maturity Framework (PMF)

Ein weiteres Standardmodell zur Einstufung des Reifegrades von IT-Prozessen wird im Referenzmodell „Information Technology Infrastructure Library" beschrieben. ITIL stellt heute den de-facto Standard für den Ablauf und die Organisation des IT-Servicemanagements dar und wird als Best-Practice in nahezu jedem großen oder mittelständischen Unternehmen vollständig oder in Teilen eingesetzt. In diesem Rahmenwerk existiert auch ein Modell zur Bestimmung der Prozessreife. Ähnlich dem COBIT-Modell, orientiert sich auch ITIL bei der Bewertung der Reifegrade am CMMI, speziell der CMMI Vertiefung für IT-Services.[81] Dieses Modell kann sowohl für die Abstufung von einzelnen Prozessen und Prozessgruppen, oder auch für die Bewertung der gesamten Organisation herangezogen werden. Nach der Definition des CMMI-Modells unterstützt ITIL sowohl den kontinuierlichen Ansatz, als auch das Stufenmodell. ITIL gibt zudem Attribute, bzw. Kompetenzen vor, nach denen die Reife analysiert werden kann:

---

[80] Eigene Darstellung
[81] Vgl. Beims, IT-Service Management mit ITIL, S. 216

- **Vision und Steuerung**

  Dieses Kriterium beschreibt die Kompetenz des Unternehmens Prozessziele mit der Vision und der Strategie der gesamten Organisation zu verbinden und die Prozesse danach auszurichten. Auch sollte die ständige Prozessverbesserung ein Fokusthema sein.

- **Prozess**

  In diesem Bereich geht es um den Prozess an sich. Hier muss geprüft werden, ob der Prozess gut beschrieben ist und vom Management proaktiv gesteuert wird. Es ist entscheidend, dass bestehende Schnittstellen und Abhängigkeiten gut dokumentiert sind und im besten Fall sich die Stellenbeschreibungen an der Prozessbeschreibung ausrichten.

- **Personen / Mitarbeiter**

  Rollen und Verantwortlichkeiten sind klar definiert. Die Ziele der Mitarbeiter richten sich an den Prozesszielen aus und hängen bei einer hohen Reife auch direkt von Unternehmenszielen ab. Auch die prozessübergreifende Zusammenarbeit ist strukturiert und standardisiert.

- **Technologie**

  Das Unternehmen setzt zentralisierte und integrierte Tools ein, die Prozesse direkt unterstützen und automatisieren. Dazu existiert eine Überwachung, die eine rechtzeitige Alarmierung ermöglicht. Zusätzlich werden Prozesse durch regelmäßige Berichte und Kennzahlen gemessen und auf ihre Qualität und Quantität hin überprüft.

- **Kultur**

  Dieses Kriterium gibt die Einstellung der gesamten Organisation wieder. Liegt der Fokus des Prozesses noch auf der operativen Ebene, der Technologie, oder geht er sogar über die Service.-und Kundenorientierung hinaus und ist durchgehend auf strategischer Ebene, der Businessorientierung?

Insbesondere der letzte Punkt ist in diesem Modell von hoher Bedeutung. IT wird in ITIL nicht nur als Technologietreiber gesehen, sondern nimmt mit zunehmender Reife einen strategischen Stellenwert ein und wird auch als „Business-Enabler" bezeichnet. Die Entwicklung geht anfangs von reiner Technologieausrichtung aus. In den weiteren Stufen des Entwicklungspfades orientiert sich die IT erst an den angebotenen Produkten und Services, dann am Endkunden, um für ihn die optimalen Lösungen zur Verfügung zu stellen. Im nächsten Schritt werden durch die IT die Unternehmensziele untermauert, bevor am höchsten Punkt der Entwicklung die IT einen maßgeblichen Beitrag zur Optimierung der Wertschöpfungskette liefert. Das nachfolgende Diagramm stellt diese Entwicklung grafisch dar:

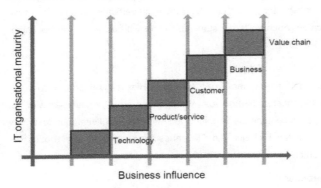

Abb. 18 Entwicklungspfad der IT[82]

5.5.1 Erkenntnisse aus dem ITIL PMF-Modell

Im ITIL-Modell werden bereits bekannte Muster aus dem CMMI und dem COBIT-Modell aufgenommen. Es werden bestimmte Reife- und/oder Fähigkeitsgrade definiert, die zur Bewertung vorhandener IT-Prozesse herangezogen werden. ITIL definiert hierzu einige Maturitätsattribute, die bis auf eine Ausnahme mit den bekannten Attributen aus COBIT zusammengeführt werden können. Marginale Abweichungen in der Definition der Begriffe werden in dieser Arbeit nicht weiter untersucht und die Begriffe folglich äquivalent verwendet.

ITIL		COBIT
Vision und Steuerung	→	Zielsetzung und Erfolgsmessung
Prozess	→	Regeln, Pläne und Verfahren
Personen/ Mitarbeiter	→	Verantwortung und Rechenschaft
Technologie	→	Werkzeuge und Automatisierung
		Fertigkeiten und Erfahrung
		Bewusstsein und Kommunikation
Kultur / Einfluss auf das Business		

Tab. 8 Vergleich der Maturitätsattribute (ITIL und COBIT)[83]

---

[82] OGC, ITIL - Planning to Implement Service Management

Die genannte Ausnahme wird durch das letzte ITIL-Attribut verkörpert. ITIL berücksichtigt zu den bereits in COBIT vorgestellten Kriterien noch zusätzlich die strategische Wichtigkeit des untersuchten Prozesses. Die Auswirkung des Prozesses auf das Business und die dem Prozess zuteil gewordene Rolle werden im ITIL-Modell besonders betont. ITIL liefert somit eine neue Dimension in der Bewertung der Reife. Ein Unternehmen kann zwar einen Prozess vollständig beherrschen und auf der bisher bekannten Reifeskala ganz oben stehen, wenn jedoch der Prozess wenig zum Mehrwert des Unternehmens beiträgt und das eigentliche Kerngeschäft „nur" unterstützt, so kann der Prozess nicht vollständig ausgereift sein. Er ist erst dann voll ausgereift, wenn er als „Business Enabler" bezeichnet werden kann, als strategischer Treiber des Unternehmens. Aufgrund von vielen Parallelen zum COBIT-Modell werden aus dem ITIL-Modell lediglich die erwähnte Kompetenz des Business-Einflusses und die inhaltlichen Ausprägungen der restlichen Kompetenzen in das bisherige SAM-Reifegradmodell übernommen.

5.6   Deloitte - SAM Muturity Modell

Deloitte Touche Tohmatsu Limited, bekannt unter dem Markennamen Deloitte ist einer der größten Prüfungs- und Beratungshäuser weltweit. Das Unternehmen erbringt Dienstleistungen aus den Bereichen Wirtschaftsprüfung, Steuerberatung, Consulting und Corporate Finance für Firmen und institutionellen Einrichtungen aller Wirtschaftszweige. Unter anderem ist Deloitte auch ein Beratungshaus für Unternehmen im Umfeld des Software-Asset-Managements und begleitet sowohl Audits, SAM-Projekte oder berät in allen Lizenzfragen. Das Framework, welches von Deloitte für den Markt als begleitendes Beratungsmaterial entwickelt wurde, widmet sich auch den Reifegradstufen im SAM-Umfeld. Es wurde bei der Erstellung stark an die bereits präsentierten Modelle von ITIL und ISO (19770-1) angelehnt und um eigene Punkte erweitert.[84] In der Grundstruktur unterscheidet es sich daher nicht von ITIL PMF, füllt jedoch die Maturitätsattribute mit Inhalten, die sich auf das Software-Asset-Management beziehen. Ein marginaler Unterschied zu ITIL besteht in der Konzentration auf lediglich drei Kompetenzbereiche:

Kompetenzen	Zustand bei hohem Reifegrad
Personen/ Mitarbeiter	• Unterstützung und Einbindung eines verantwortlichen SAM-Prozesseigners auf höchster Unternehmensebene

---

[83] Eigene Darstellung
[84] Deas, u.a., Software Asset Management, S.19

	• Dedizierter SAM-Verantwortlicher mit abgegrenzten Aufgabenbereichen, inklusive Lizenzmanagement und Lizenznachverfolgung
Prozess	• Standardisierte, unternehmensweite, etablierte SAM-Funktionen
	• Standardisierte Asset-Lebenszyklus-Prozesse
	• Rechnungsprüfung
	• IT & SAM-Werkzeugkasten: Checklisten, Templates, Anweisungen und Anleitungen zur Durchführung von Prozessen
	• Installierte Compliance-Überwachung um Über- und Unterlizenzierung zu vermeiden
	• Etablierte Produktrationalisierungs- und Produktersatzstrategien
Technologie	• Eine zentrale Datenquelle (logisch oder physisch) für alle IT-Assets und damit verbundene Daten (Lizenzen, Verträge, Lieferanten, Kosten, etc.)
	• Hoher Automatisierungsgrad operativer Tätigkeiten (Inbetriebnahme, Discovery) und vorhandene Asset-Lebenszyklus-Workflows

Tab. 9 SAM-Kompetenzen nach Deloitte[85]

Das Deloitte-Modell beschreibt nicht nur den voll ausgereiften Endzustand eines Attributs, sondern gibt darüber hinaus auch für die einzelnen Reifegrade detaillierte Merkmalsbeschreibungen. In dem vorhandenen Modell werden lediglich Aussagen zu zwei Attributen gemacht: Prozess und Technologie. Das dritte Attribut, Personen und Mitarbeiter, wird nicht weiter aufgeführt.

Reifegrad	Prozess	Technologie
1 (chaotic)	• Minimale Prozessreife • Eingeschränktes Wissen um eigene Assets • Kein zentralisierter Einkauf • Ad-hoc Käufe	• Fehlende Tools, um Assets adäquat zu managen • Keine Reportingfunktionalitäten

---

[85] In Anlehnung an Deas u.a., Software Asset Management, S. 20

	• Inadäquates Vertragsmanagement	
2 (reactive)	• Prozesse sind reaktiv, der Fokus liegt auf einer jährlichen Inventarisierung der Assets • IMAC-Prozesse (Install, move, add, change) werden nicht konsequent verfolgt • Kaum Datenabgleich/ Kommunikation mit dem Einkauf	• Listen oder Datenbanken zur Nachverfolgung von Assets sind vorhanden • Autodiscovery Tools unterstützen die Datenbank mit weiteren Informationen • Elementares SAM-Reporting auf Projektebene
3 (proactive)	• Lebenszyklus-Prozesse sind implementiert • Prozesse sind ausreichend definiert und unterliegen einem Verbesserungszyklus • Zentralisierter Einkauf von Software Assets	• Asset-Datenbank und Auto-Discovery-Tools sind an das IT Service Desk angebunden • Technische Asset-Daten sind mit kaufmännischen und vertraglichen Daten verknüpft • Komplettes Reporting über den Ist-Stand von Software-Assets ist implementiert
4 (optimizing)	• Metriken zur Wertermittlung wurden etabliert • Service Levels werden genutzt, um einen Beitrag zu den Business- oder IT-Zielen zu leisten • Automatisierter Anforderungsprozess mit integriertem Einkaufsprozess	• Assets befinden sich in einem zentralen, gemeinsamen Repository • Asset-Management ist mit den verfügbaren Back-End integriert • Regelmäßiges Reporting, mit Hinweisen zu Kostenersparnissen
5 (transforming)	• Regelmäßige Audits werden durchgeführt, um Effektivität und Effizienz der etablierten SAM-Prozesse zu überprüfen • Zentralisierter Einkauf mit Anbindung an das IT Asset Management/ SAM- Tool • Standardisierte Lieferanten und Verträge über das gesamte Unternehmen hinweg	• Drei Haupttools sind strategisch voll integriert: Repository, Auto-Discovery und ein Tool zur Ermittlung der Software-Nutzung • Anspruchsvolles Reporting zur Identifikation von Potentialen (Kostenersparnis, ungenutzte Assets, Nutzungsgrade, etc.)

Tab. 10 SAM-Reifegrade nach Deloitte[86]

5.6.1 Erkenntnisse aus dem Maturity-Modell nach Deloitte

Nachdem bereits bei gängigen Referenzmodellen die charakteristischen Merkmale untersucht worden sind, lassen sich keine großen Abweichungen von diesen Standards im Deloitte-Modell feststellen. Viele Aspekte werden im Deloitte Maturity-Modell aus den bereits beschriebenen Modellen übernommen (Reifegrade, Kompetenzen). Da es sich bei dem Deloitte-Modell um ein eher praktisch-orientiertes Modell handelt, liegen die Stärken des Modells in der praktischen Relevanz. So ist das Deloitte-Modell

---

[86] In Anlehnung an Deas, u.a., Software Asset Management, S. 21

das bisher erste, das sich explizit auf den SAM-Prozess bezieht und die Kompetenzen samt Ausprägungen in den einzelnen Reifegraden beschreibt. Aus diesem Grund trägt dieses Rahmenwerk nicht zu einer Strukturerweiterung am bisherigen SAM-Reifegradmodell bei, sondern kann dazu verwendet werden, die bisherigen Strukturen mit SAM-relevanten Inhalten zu füllen. Speziell die beiden Kompetenzen, Prozess und Technologie, werden im Deloitte-Modell samt ihrer Reifegrade ausführlich beschrieben und können so in das SAM-Reifegradmodell überführt werden. Dieses wird jedoch nach Abschluss der noch folgenden, eher praxisorientierten Modelle, erfolgen.

5.7   Microsoft - SAM Optimization Model (SOM)

Ein weiteres, häufig in der Praxis verwendetes Modell ist das SAM Optimization Model (SOM). Es wurde von Microsoft entwickelt und wird von vielen Beratungsunternehmen in sogenannten SAM-Projekten als Grundlage zur Bewertung der SAM-Situation und zur Einschätzung der Reife im Unternehmen verwendet. Wie auch die Vorgängermodelle ist das SOM zweidimensional aufgebaut. SOM verfolgt sowohl den Stufenansatz als auch den kontinuierlichen Ansatz, der eine Bewertung der Reifegrade anhand von gewissen SAM-Kompetenzen ermöglicht. Diese können unabhängig voneinander unterschiedliche Reifegrade annehmen. Im Endergebnis einer Reifegradanalyse werden die einzelnen Kompetenzen anhand ihres erreichten Grades sortiert und dem Unternehmen verdeutlicht. Das SOM konzentriert sich auf vier Reifegrade, die in der Abbildung 19 samt ihrer Beschreibung dargestellt werden. Bei den Kompetenzen hat sich Microsoft auf das ISO 19770-1 Framework gestützt, die dort aufgeführten Kompetenzen/ Prozesse zu 10 Schlüsselkompetenzen zusammengefasst und in das SOM überführt. Die einzelnen Kompetenzen, ihre Bedeutung, sowie die Kriterien für die Erreichung der jeweiligen Reifegarde werden in den Tabellen 11 und 12 vorgestellt.

Abb. 19 Reifegrade des SAM Optimization Model[87]

ISO 19770-1 Kategorie	Schlüsselkompetenz	Beschreibung
Organizational Management	SAM Throughout Organization	Wie wurde das SAM (mit dokumentierten Prozessen, Rollen, Verantwortlichkeiten) bisher im gesamten Unternehmen implementiert?
	SAM Improvement Plan	Hat das Unternehmen einen abgestimmten SAM Verbesserungsprozess?
SAM Inventory Processes	Hardware and Software Inventory	Wie hoch ist der Anteil der der PCs und Server, die durch ein zentrales Repository erfasst und auf Software Assets überprüft werden?
	Accuracy of Inventory	Wie häufig werden die erfassten Daten mit anderen Datenquellen abgeglichen (HR-Datenbank zum Abgleich der Nutzer)
SAM Verification Process	License Entitlement Records	Welcher Anteil der beschaffenen Software-Lizenzen wird in einer zentralen Datenbank erfasst? Wird auch die Historie berücksichtigt?
	Periodic Evaluation	Wie häufig wird die gemessene SW-Nutzung und der SW-Bedarf mit dem verfügbaren Bestand abgeglichen?

---

[87] Microsoft, SAM Optimization Model

Operations Management and Interfaces	Operations Management Records Interfaces	Arbeiten auch andere Unternehmensbereiche (Anlagenbuchhaltung, Support, Vertragsmanagement, etc.) mit den erfassten Asset-Daten?
Lifecycle Process Interfaces	Acquisition Process	Wie hoch ist der Anteil der zentral beschaffenen Software?
	Deployment Process	Wie hoch ist der Anteil der Software, die zentral auf den einzelnen PCs und Servern installiert wird oder durch einen zentralen Prozess bei der Installation überwacht wird?
	Retirement Process	Welcher Anteil an stillgelegten Geräten wird so entsorgt, dass darauf laufende Software wieder verwendet werden kann?

Tab. 11 Die 10 SOM-Kompetenzen[88]

---

[88] Microsoft, SAM Optimization Model

Key Competency	Basic	Standardized	Rationalized	Dynamic
SAM Throughout Organization	Project Manager assigned but SAM roles & responsibilities not defined	Direct SAM responsibility is identified throughout organization	Each functional group actively manages SAM	SAM responsibilities defined in job descriptions across organization
SAM Improvement Plan	No SAM development or communication plan	SAM plan is defined and approved	SAM improvement is demonstrated	SAM goals part of executive scorecard; reviewed regularly
Hardware and Software Inventory	No centralized inventory or < 68% assets in central inventory	Between 68% and 95% of assets in inventory	Between 96% and 99% of assets in inventory	> 99% of assets in inventory
Accuracy of Inventory	Manual inventory, no discovery tools	Inventory sources reconciled annually	Inventory sources reconciled quarterly	Dynamic discovery tools provide near real-time deployment details
License Entitlement Records	Procurement manages contracts, not accessed by IT managers	Complete entitlement records exist across organization	Entitlement records reconciled with vendor records	SAM entitlement system interfaces with vendor entitlement to track usage
Periodic Evaluation	IT operations managed on ad-hoc basis	Annual sign-off on SAM reports	Quarterly sign-off on SAM reports	System reconciliations and ITAM report available on demand
Operations Management Interfaces	SAM not considered part of M&A risk plan and company integration	Operations manages separate asset inventories	Operations manages associated asset inventory	All business units follow the same strategy, process, & technology for SAM
Acquisition Process	Assets purchased on a per project basis, without a review of current availability	Software purchases use approved vendors	Software purchases based on deployment/ entitlement reconciliation	All purchases are made using a pre-defined asset catalog; based on metered usage
Deployment Process	Assets deployed by end-users in distributed locations, no centralized IT	Only approved software is deployed	Software deployment reports are accessible to stakeholders	Software is dynamically available to users on demand
Retirement Process	Software is retired with hardware, and is not harvested or reassigned	Unused software is harvested (where the license allows) and tracked within a centrally controlled inventory	Centrally controlled inventory of harvested licenses is maintained and available for reuse. Deployment and license records are updated	Automated process with centralized control and tracking of all installed software, harvest options, internal reassignment and disposal

Tab. 12 SOM Fragebogen zur Einschätzung der Reife[89]

5.7.1 Erkenntnisse aus dem SAM Optimization Model

Das SOM schafft es erfolgreich die gängigsten Elemente der vorhandenen Standards und Frameworks zu kombinieren und in einem Gesamtmodell zu bündeln. Es werden sowohl die einzelnen Reifegrade für die gesamte Organisation dargestellt und erläutert, als auch die Analyse der Reifegarde auf Ebene der einzelnen Kompetenzen. Bei den Kompetenzen bedient sich SOM an bekannten Prozessbausteinen aus dem ISO-Modell 19770-1 und schafft es dadurch ein abgeschlossenes Bild der SAM-Reifegrade

---

[89] Microsoft, SAM Optimization Model

herzustellen. Das Modell ist stark auf den operativen Betrieb ausgerichtet und geht weniger auf die strategischen Kompetenzen ein, die insbesondere ITIL in seinem Modell verfolgt. Dafür wird die Reife der Kernkompetenzen detailliert ausgeführt und an einigen Stellen anhand von genauen Prozentzahlen sogar messbar gemacht. Für das zu erstellende SAM-Reifegradmodell werden zwei Kernaspekte übernommen:

1. Detaillierte Beschreibung der Kompetenzen in den entsprechenden Reifegraden

2. Die Verschmelzung von SAM-Lifecycle-Modellen, ihren Prozessen und Kompetenzen (ISO 19770-1) mit den bekannten Referenzmodellen zur Bestimmung einer Reife (CMMI, COBIT, ITIL)

5.8 Erstellung eines gültigen SAM-Reifegradmodells

In den vorherigen Kapiteln wurden unterschiedliche Reifegradmodelle vorgestellt. Einige waren sehr generisch und auch in Bereichen außerhalb von SAM einsetzbar (CMMI, COBIT, ITIL). Andere wiederrum waren sehr spezifisch auf SAM zugeschnitten (Deloitte und SOM). Insgesamt basierten die vorgestellten Modelle auf einer stufenähnlichen Entwicklung der Reifegrade eines bewerteten Prozesses, einer Organisation oder einer spezifischen Kompetenz. In den Erkenntnissen wurde bereits festgehalten, dass das in diesem Kapitel zu entwickelnde SAM-Reifegradmodell auf dieser Basis aufsetzt und die Grundstruktur der Reifegrade übernimmt. Die unterschiedlichen Kenzeichnungen der Reifegradstufen sind aus Sicht der Zielsetzung irrelevant, da nicht die Bezeichnung, sondern die Ausprägung der Stufe einen Hinweis auf die Reife liefert. Aufgrund der Durchdringung des SOM-Modells in der Praxis werden die Begriffe aus dem Microsoft-Modell übernommen. Gemäß dem Prinzip der Vereinfachung und zur Erhöhung der Praxistauglichkeit wird das hier entwickelte SAM-Reifegradmodell aus vier Stufen bestehen. Jede zusätzliche Stufe erhöht die Komplexität in der Einordung und erfordert konkretere Abgrenzungskriterien. Eine weitere Konstante sind die Maturitätsattribute, die im Folgenden als Kompetenzen oder Kompetenzbereiche bezeichnet werden. Kompetenzen sind Teilausschnitte oder Komponenten eines Gesamtsystems, welches der Reifemessung zugrunde liegt. Da der Untersuchungsgegenstand dieser Arbeit das Software-Asset-Management ist, sind die einzelnen Kompetenzen Bestandteile des SAM. Die Definition der Bestandteile ergibt sich aus der Analyse der vorgestellten Modelle und wird im folgenden Unterkapitel exakter definiert.

5.8.1 Auswahl der SAM-Kompetenzgruppen

In den einzelnen Modellen wurden unterschiedliche Kompetenzen sehr individuell bewertet. Während z. B. das ITIL-Modell sehr viel Wert auf die strategische Bedeutung der Kompetenzen legt, sind diese im SOM-Modell eher operativer Natur. Jedoch existieren auch viele Übereinstimmungen, die im Kern ähnliche Ansatzpunkte enthalten und sich auf verwandte Kompetenzen beziehen. Nachstehend werden Zugehörigkeitsgruppen definiert, bei denen es sich um generische Kompetenzgruppen handelt, die aus den bisherigen Modellen abstrahiert werden können.

5.8.1.1 SAM-Governance

Der Begriff der Corporate Governance wurde bereits in den ersten Kapiteln eingeführt und definiert. In dem Zusammenhang eines SAM-Reifegradmodells wird der Begriff im Sinne von Steuerung oder Regelung der SAM-Organisation verstanden. D. h. alle führungsrelevanten Tätigkeiten und Aufgaben werden unter dieser Kompetenzgruppe zusammengefasst. Die Ausrichtung der SAM-Organisation an der Vision und der Strategie des Unternehmens liegt genauso unter der Verantwortung des Managements, wie eine proaktive Kommunikation im gesamten Unternehmen. Eine Kernkompetenz der Governance ist weiterhin die Erhöhung und Aufrechterhaltung des Bewusstseins für einen sorgfältigen Umgang mit Software-Assets im gesamten Unternehmen. Darüber hinaus muss in der SAM-Governance sichergestellt werden, dass dem Business die für seine Anforderungen und Bedürfnisse richtige Software zur Verfügung gestellt wird und dass es für den Abgleich des Bedarfs einen etablierten Prozess gibt. Der Einfluss und die Ausrichtung der IT auf das Business sind in dieser Kompetenz ebenfalls fest verankert. SAM-Governance stellt das Herzstück des SAMs in einem Unternehmen dar und trägt die Verantwortung für die Entwicklung der SAM-Reife.

5.8.1.2 Richtlinien und Prozeduren

In diesen Kompetenzblock fallen alle Prozesse, die im Zusammenhang mit dem SAM in einem Unternehmen ablaufen. Sowohl die Lebenszyklus-Prozesse, die Inventory-Prozesse als auch die Prozesse zur Sicherstellung der Compliance sind Bestandteile dieser Kompetenzgruppe. Auch Schnittstellen zu anderen IT-Prozessen wie dem Incident- oder Problem-Prozess werden an dieser Stelle definiert.

5.8.1.3 Technologie

Unter Technologie werden alle technischen Komponenten, die für den Betrieb eines Software-Asset-Managements notwendig sind, zusammengefasst. Es wird bewertet, in wie weit alle für das SAM relevanten Datenquellen miteinander verbunden sind, ob die Prozesse in dem dafür vorgesehen Grad automatisiert unterstützt werden, und ob ein Monitoring zur Überwachung der Systeme und der Compliance aufgesetzt ist. Ein etabliertes Reporting und die automatische Auswertung der gelieferten Kennzahlen sind ebenfalls Bestandteile der Technologie.

5.8.1.4 Rollen und Verantwortlichkeiten

In diesem Kompetenzbereich stehen die handelnden Personen im Mittelpunkt. Eine SAM-Organisation erfordert einen oder mehrere SAM-Manager/ SAM-Verantwortliche/n. Diese agieren nach definierten Aufgabenbeschreibungen und stellen die Compliance im Unternehmen sicher. Sie tragen die Verantwortung sowohl für die strategische als auch die operative Ausrichtung des Software-Asset-Managements. Weiterbildungen im SAM-Umfeld sowie ein reger Austausch in Qualitätszirkeln mit anderen Unternehmen sind ebenso Inhalte dieser Kompetenzgruppe.

5.8.1.5 Kontinuierlicher Verbesserungsprozess

Der kontinuierliche Verbesserungsprozess sorgt für eine stetige Optimierung des SAMs im Unternehmen. Kernaufgaben sind sowohl die Zielsetzung und die Erfolgsmessung, als auch der regelmäßige Abgleich mit der Unternehmensstrategie. Hierunter fallen die typischen Aktivitäten des Deming-Kreislaufs.[90] Dieser Bereich hat dafür Sorge zu tragen, dass SAM im Unternehmen weiterentwickelt wird.

5.8.1.6 Verbreitung und Implementierung

Mit dieser Kompetenzgruppe wird die Verbreitung von SAM im gesamten Unternehmen verstanden. Sowohl die Software-Lieferanten, die Unternehmensstandorte, oder die Abteilungen, die in die SAM-Prozessen involviert sind, fallen in den Bereich dieser Kompetenz. Diese Kompetenzgruppe könnte auch als Ausbreitungsgrad des Software-Asset-Managements im Unternehmen bezeichnet werden.

5.8.2 Zuordnung der Kompetenzen zu SAM-Kompetenzgruppen

Nachdem die abstrahierten SAM-Kompetenzbereiche herausgearbeitet worden sind, werden in diesem Kapitel die Kompetenzen der jeweiligen Reifegradmodelle auf die definierten SAM-Kompetenzbereiche abgebildet. Die folgende, zweidimensionale Matrix enthält auf der einen Seite die aus den Modellen bekannten Kompetenzen und ordnet diese auf der zweiten Dimension dem dazugehörigen Kompetenzbereich zu. Das

---

[90] Vgl. dazu die Ausführungen im Kapitel 2.1.3

CMMI-Modell wird bei dieser Matrix nicht mit betrachtet. Der Grund für den Ausschluss liegt in der Orientierung des Modells. Es existieren drei Versionen von CMMI, die sich entweder auf die Softwareentwicklung, den Einkaufsprozess von Software und Hardware oder auf Verbesserung einer Dienstleistungsorganisation konzentrieren. Dadurch definieren die Modelle den konkreten Einsatzzweck. Das Software-Asset-Management kann ohne tiefgehende Analysen nicht in eines der CMMI-Modelle eingeordnet werden, wodurch sich die dem CMMI-Modell zugrunde liegenden Prozess- und Kompetenzgruppen nicht auf SAM übertragen lassen.

Modell	Kompetenz	SAM-Kompetenzgruppen					
		SAM-Governance	Richtlinien & Prozesse	Technologie	Rollen & Verantwortlichkeiten	KVP	Verbreitung
COBIT	Zielsetzung und Erfolgsmessung						
	Regeln, Pläne und Verfahren						
	Verantwortung und Rechenschaft						
	Werkzeuge und Automatisierung						
	Fertigkeiten und Erfahrung						
	Bewusstsein und Kommunikation						
ITIL	Vision und Steuerung						
	Prozess						
	Personen/ Mitarbeiter						
	Technologie						
	Kultur / Einfluss auf das Business						
Deloitte	Personen/ Mitarbeiter						
	Prozess						
	Technologie						
SOM	Organizational Management						
	SAM Inventory Processes						
	SAM Verification Process						
	Operations Mgmt & Interfaces						
	Lifecycle Process Interfaces						

Tab. 13 Abbildung der Modelle auf SAM-Kompetenzgruppen[91]

---

[91] Eigene Darstellung

5.9 Das SAM-Reifegradmodell

Die vorherigen Kapitel haben dazu beigetragen die Basiskomponenten eines SAM-Reifegradmodells zu definieren. Ziel dieses Kapitels ist es, die einzelnen Strukturelemente übereinander zu legen und in einem resultierenden SAM-Reifegradmodell zusammenzuführen. Tabelle 14 fasst die Kompetenzgruppen, die Kernkompetenzen und die Reifegrade in einer Darstellung zusammen. Die Kriterien für die Erreichung der einzelnen Reifegrade werden zum Teil aus den bereits vorgestellten Modellen übernommen oder aufgrund der generischen Anforderungen an eine Reife analog abgeleitet. Die nachfolgende Tabelle ist das Endergebnis dieses Kapitels und dient im späteren Verlauf als Basis für die Entwicklung des Leitfadens.

Gruppe	Kernkompetenz	SAM-Reifegrade			
		Basis	Standardisiert	Rationalisiert	Dynamisch
SAM-Governance	Vision & Strategie (inkl. Demand und Best Practice)	SAM ist nicht Teil der Unternehmensstrategie. Es existieren keine Ableitungen von der Vision auf die Ziele von SAM.	Anforderungen im SAM-Umfeld werden in Projekte überführt und erreichen dadurch Management-Awareness.	SAM-Projekte und Initiativen sind Teil des Portfolio Managements. Strategische Wichtigkeit und Chancen des SAM sind bekannt und werden vom Management nachverfolgt	SAM-Ziele sind an der Unternehmensstrategie komplett ausgerichtet. Etablierte Produktrationalisierungs- und Produkteratsstrategien sind vorhanden
	Kommunikation	Kommunikation über SAM-relevante Themen erfolgt sporadisch	Das Management kommuniziert relevante Themen formal und strukturiert in den betroffenen Teilen des Unternehmens	Fortgeschrittene Kommunikationstechniken werden angewandt, die Kommunikation erfolgt in allen Unternehmensbereichen	Proaktive Kommunikation über alle SAM-Vorfälle (anstehende Audits, Compliance-Vorfälle, etc.).
	Compliance	Die Compliance-Situation kann nicht gemessen werden. Über- und Unterlizenzierung sind nicht transparent	Compliance ist messbar, die Erhöhung der Compliance steht im Fokus. Compliance liegt bei > 50%.	Unterlizenzierung wird größtenteils vermieden. Generelle Compliance liegt bei <80%, die Tendenz ist steigend	Nachhaltiges Compliance-Management. Unter- und Überlizenzierung sind aufgrund der Reife erst gar nicht möglich, oder werden sofort behoben (Bei M&A Prozessen)
	Business-IT-Alignment	Die IT gilt als Systembertreiber und liefert technologische Unterstützung an das Business	SAM als Teildisziplin der IT unterstützt das Business durch eine Produkt- und Serviceorientierung	Der Endkunde und das Business stehen im Mittelpunkt. SAM richtet sich am Bedarf des Business' aus	SAM spielt eine tragende Rolle in der Wertschöpfungskette und verschafft dem Business einen Mehrwert

Richtlinien & Prozesse	Dokumentation	Prozesse sind nicht beschrieben	Standardisierte Beschreibung der wichtigsten Prozesse ist vorhanden. Prozesse sind dadurch reproduzierbar	Alle Prozesse sind beschrieben und vom Management freigegeben. Die Dokumentation ist allen zugänglich	IT & SAM Werkzeugkasten: Checklisten, Templates, Anweisungen und Anleitungen zur Durchführung von Prozessen. Prozesseinführungen sind in die IT-Service-Organisation integriert
	Compliance-Überprüfung	Audits und Compliance-Auswertungen finden nicht oder nur ad-hoc statt	Jährliche Compliance-Überprüfung	Auswertung und Überprüfung von SAM-Reports erfolgt quartalsweise	Vollständige Compliance-Ergebnisse und SAM-Reports sind auf Abruf möglich. Installierte Compliance-Überwachung um Über-und Unterlizenzierung zu vermeiden
	Einkauf	Assets werden ad-hoc, auf Projektbasis gekauft. Kein Abgleich mit unternehmensweitem Bedarf. Dezentraler Einkauf, inadäquates Vertragsmanagement	Software Einkäufe erfolgen über standardisierte Lieferanten. Erste Zentralisierung der wichtigsten Lieferanten	Softwareeinkäufe erfolgen auf Basis von gemessenen Bedarfen durch den zentralen Einkauf	Alle Einkäufe finden über einen vordefinierten Asset-Katalog statt und basieren auf tatsächlicher Softwarenutzung. Anbindung das das IT Asset Management Tool ist vorhanden. Standardisierte Lieferanten und Verträge im gesamten Unternehmen
	Inbetriebnahme (inkl. IMAC)	Assets werden in den Standorten lokal durch den Endnutzer in Betrieb genommen. Keine zentralisierte IT	Nur freigegebene Software kann in Betrieb genommen werden. IMAC - Prozesse werden nicht konsequent verfolgt	Zentraler Prozess zur Inbetriebnahme freigegebener Software ist definiert. Schnittstelle zum Überprüfungsprozess ist implementiert	Software wird dem Endnutzer dynamisch, vom Bedarf abhängig, zur Verfügung gestellt
	Stilllegung	Software wird zusammen mit der betroffenen Hardware stillgelegt. Lizenzen werden nicht abgezogen oder neu zugeordnet	Ungenutzte Software wird entzogen (sofern das Lizenzrecht es erlaubt) und in einem zentralen Inventory als Asset geführt	Zentral geführtes Inventory ungenutzter, abgezogener Software ist vorhanden. Software wird zur Wiederverwendung freigegeben	Automatisierter Prozess mit zentraler Kontrolle und Überwachung von installierter Software, aussortierter Software und möglichen Übertragungsoptionen bei Hardwarestilllegung
	Bestandserfassungsprozesse (HW & SW)	Keine zentralisierte Bestandserfassung oder < 68% aller Assets im geführten Bestand	Zwischen 68% und 95% aller Assets sind inventarisiert	Zwischen 96% und 99% aller Assets sind inventarisiert	>99% aller Assets befinden sich in der zentralen Bestandserfassung (Inventory), dem IT Asset Management Tool

Technologie	Datenquellen und Systemintegration	Listen oder Datenbanken zu den einzelnen Asset-Informationen sind voneinander abgeschottet. Die Zusammenführung der Information erfolgt manuell.	Listen oder Datenbanken zur Nachverfolgung von Assets sind vorhanden	Asset-Management ist verfügbaren Back-End-Systemen integriert	Drei Haupttools sind strategisch voll integriert: Repository, Auto-Discovery und ein Tool zur Ermittlung der Software-Nutzung und der Compliance
	Automatisierung der Prozesse	Prozesse sind kaum automatisiert. Schnittstellen zwischen Prozessschritten sind nicht vorhanden.	Keine übergreifende Automatisierung von Prozessen. Lediglich einzelne Prozessschritte werden dediziert automatisiert (z. B. Bestellung)	Vorhandene Tools werden zentral genutzt, um den Großteil der SAM-Prozesse zu automatisieren (Bestellung, IMAC, Stilllegung und Compliance)	Hoher Automatisierungsgrad operativer Tätigkeiten und vorhandene Asset-Lebenszyklus-Workflows. Tools werden genutzt um Prozessoptimierungen aufzudecken.
	Monitoring und Reporting der Compliance	Keine oder sehr eingeschränkte Reporting-Funktionalitäten	Komplettes Reporting über den Ist-Stand von Software-Assets ist implementiert	Regelmäßiges Reporting mit Hinweisen zu Kostenersparnissen	Anspruchsvolles Reporting zur Identifikation von Potentialen (Kostenersparnis, ungenutzte Assets, Nutzungsgrade, etc.)
	Bestandserfassung	Fehlende oder mangelhafte Tools, um Assets adäquat zu managen	Autodiscovery-Tools unterstützen die Datenbank mit weiteren Informationen. Technische und kaufmännische Daten sind miteinander verknüpft	Assets befinden sich in einem zentralen Repository.	Eine zentrale Datenquelle (logisch oder physisch) für alle IT-Assets und damit verbundene Daten (Lizenzen, Verträge, Lieferanten, Kosten, etc.)
Rollen & Verantwortlichkeiten	SAM-Organisation	Keine explizite Software-Asset-Management Rolle im Unternehmen. Die Obhut der Lizenzen liegt in dezentraler Verantwortung und variiert von Standort zu Standort	Rollen und Verantwortlichkeiten sind klar definiert und werden im Unternehmen an zentraler Stelle ausgeübt.	Etablierte SAM-Organisation mit klaren Berichtswegen. Aufteilung zwischen globaler und regionaler Verantwortung, um SAM im Unternehmen vollständig abzudecken	Unterstützung und Einbindung eines verantwortlichen SAM Prozessdesigners auf höchster Unternehmensebene. Dedizierter SAM Verantwortlicher mit abgegrenzten Aufgabenbereichen
	Wissensmanagement	Erforderliche Fähigkeiten für die SAM-Organisation sind nicht identifiziert. Trainings und Trainingspläne liegen nicht vor	Erforderliche Fähigkeiten sind bekannt und dokumentiert. Train-on-the-Job Initiativen werden gelebt. Wissens-Datenbank noch nicht vorhanden	Prozesse zum Wissensaustausch sind implementiert. SAM-Verantwortliche besuchen regelmäßigen Trainings. Zertifizierungen werden angestrebt.	Kontinuierliche Verbesserung des vorhandenen Know-Hows implementiert. Austausch mit externen Beratern und anderen Unternehmen erfolgt regelmäßig

KVP	Zielsetzung, Erfolgsmessung, Unternehmensstrategie	Ziele sind nicht klar formuliert und werden nicht oder nur sporadisch gemessen.	Hauptprozesse unterliegen einem Verbesserungszyklus. Basis-Zielerreichung ist vorhanden und wird regelmäßig überprüft.	Entwicklungspläne und Ziele für alle SAM-Prozesse sind definiert. Die Prüfung der Zielerreichung einzelner Prozesse erfolgt regelmäßig.	Regelmäßige Audits, um Effizienz und Effektivität der SAM-Prozesse bezogen auf das Business zu überprüfen. Kontinuierliche Verbesserung ist Teil der Unternehmenskultur
Verbreitung	Interne Verbreitung	<50% der eingesetzten Software-Produkte werden dezentral, auf Wohlwollen einzelner Mitarbeiter verwaltet.	Basis-Software (Betriebssysteme, Office, ERP, Serveranwendungen) sind durch SAM-Prozesse abgedeckt (>50%)	>80% der betriebenen Software unterliegt den definierten SAM-Prozessen.	>90% der eingesetzten Software ist Teil des unternehmensweiten SAMs. Alle relevanten, internen Parteien sind involviert.
	Externe Verbreitung	Externe Partner sind in den SAM-Lebenszyklus kaum eingebunden. Die Reaktion auf externe Faktoren (neue Produkte, Lizenzen, etc.) erfolgt ad-hoc	Kontakt zu den wichtigsten Partnern ist vorhanden. Abstimmungen und Vertragsverhandlungen erfolgen meist jedoch dezentral	Die wichtigsten Lieferanten und Hersteller sind in die globalen Prozesse eingebunden. Strategische Verhandlungen, Informationsaustausch und Absprachen erfolgen regelmäßig	Externe Stakeholder (Lieferanten, Hersteller und Zwischenhändler) sind Teil des SAM-Lebenszyklus. Proaktives Handeln bei externen Veränderungen.

Tab. 14 SAM-Reifegradmodell[92]

---

[92] Eigene Darstellung in Anlehnung an die im Kapitel 5 erarbeiteten Modelle

6 Der Leitfaden – Eine Vorgehensweise zur stetigen Entwicklung

6.1 Begriffsdefinition

Den Untersuchungsgegenstand der vorliegenden Arbeit stellt der Aufbau eines Leitfadens zur Entwicklung, inklusive Einführung und Optimierung, eines Software-Asset-Managements dar. In den vergangenen Kapiteln wurden die Voraussetzungen für einen Entwicklungsplan definiert, indem die jeweilige Reife eines Unternehmens anhand eines Modells eingeschätzt, bzw. eingestuft werden kann. Der hier entwickelte Leitfaden hat also zum Ziel den Fortschritt auf der Reifeskala sicher zu stellen. Vorher jedoch wird die Bedeutung des Begriffs „Leitfaden" definiert. Die Semantik dieses Wortes lässt sich auf eine griechische Saga zurückführen. In dieser Saga wurde der Faden eines Wollknäuels dazu verwendet, den Weg aus einem Labyrinth nach draußen zu finden. Übertragen auf die heutige Verwendung dieses Begriffs hat der Leitfaden einen wegweisenden Charakter, um trotz eines komplexen Sachverhalts zu dem gesteckten Ziel zu gelangen. Ein Leitfaden beleuchtet nicht die Details, sondern konzentriert sich auf das Wesentliche.[93] Der in dieser Arbeit erstellte Leitfaden wird den Unternehmen eine Orientierung geben, welche sinnvollen Schritte in welcher Reihenfolge ausgeführt werden sollten, um ein erfolgreiches Software-Asset-Management im Unternehmen zu etablieren. Der Leitfaden wird sich auf die wichtigsten Komponenten konzentrieren und dabei einen konzeptionellen Rahmen schaffen, der auf mittelständische und große Unternehmen abgestimmt ist. Der Rahmen wird in einzelne aufeinander aufbauende Entwicklungsstufen gegliedert, die den wegweisenden Charakter eines Leitfadens darstellen werden. Durch diese hierarchische Gliederung erhält der Leitfaden die notwendige Struktur, um schrittweise die Kompetenz des Unternehmens im Bereich des Software-Asset-Managements auszubauen.

6.2 Aufbau des Leitfadens und Abgrenzung zum SAM-Reifegradmodell

Der hier entwickelte Leitfaden erhebt keine Ansprüche auf eine allgemeine Gültigkeit für alle im Umfang liegenden Unternehmen. Der Leitfaden definiert lediglich den Rahmen, in welchen logischen Schritten vorzugehen ist, um die SAM-Reife in der gesamten Organisation zu erhöhen. Es handelt sich dabei um ein theoretisches Konstrukt, welches sich aus vorhandenen Best-Practices und wissenschaftlichen Methoden zu-

---

[93] Vgl. Härtel, Einführung und Entwicklung des IT Projektmanagements, S. 19

sammensetzt. Das im vorherigen Kapitel erstellte SAM-Reifegradmodell dient dabei als Basis des Leitfadens. Der Leitfaden wird sich bei der Auswahl der Schritte und der zu entwickelnden Bereiche stets am SAM-Reifegradmodell ausrichten. Er wird jedoch nicht eine komplette Kopie des Reifegradmodells darstellen, sondern die Entwicklungsschritte autark priorisieren. Bei der Entwicklung des Software-Asset-Managements können die Unternehmen nicht ohne weiteres die Kompetenzbereiche des Reifegradmodells abarbeiten. Sie unterliegen immer gewissen Ressource-Beschränkungen, wie limitiertem Budget oder knappen Personalressourcen und müssen sich daher in der Praxis oftmals zwischen mehreren Alternativen entscheiden. Diese Einschränkung wird im Leitfaden beachtet, weshalb sich dieser anhand anders definierter Kompetenzgruppen orientiert und stark auf Priorisierung dieser Gruppen setzt.

Im Unterschied zum Leitfaden stellt das SAM-Reifegradmodell eine Bemessungsskala dar, die zur Einschätzung der aktuellen Situation dient. Der Leitfaden jedoch gibt die Schritte vor, die zu einer Erhöhung der Reife beitragen, indem sie spezifische Maßnahmen vorschlagen. Der in den nächsten Kapiteln zu entwickelnde Leitfaden wird aus vier Stufen bestehen, die eine stetige Entwicklung des SAMs garantieren. Die Stufen sollten allerdings nicht als Analogie zu den vier Stufen des SAM-Reifegradmodells verstanden werden. Es kann durchaus sein, dass Unternehmen, die schon zwei Stufen des Leitfadens komplett implementiert haben, sich in einigen Kompetenzgruppen der Reife noch auf der ersten Stufe befinden, in anderen aber längst in der dritten oder vierten Stufe sind. Dies kann aus dem bereits erwähnten Grund der Priorisierung der Kompetenzen erfolgen, die im Leitfaden manifestiert ist. Was der Leitfaden jedoch als Ziel hat, ist die Erreichung des finalen Reifegrads aller SAM-Kompetenzen nach Abschluss aller vier Entwicklungsschritte des Leitfadens. Die einzelnen Stufen des Leitfadens bestehen ihrerseits aus definierten Modulen. Diese Module können ganze, aus dem Reifegradmodell bekannte Kompetenzgruppen samt allen Kernkompetenzen beinhalten, oder sich auf spezifischere Themen beziehen. Solch ein stufenförmiger Aufbau bedeutet, dass einige Module Basismodule darstellen und daher zwingend erforderlich sind. Werden diese bei der Implementierung eines Software-Asset-Managements nicht betrachtet, fehlt die stützende Säule und das SAM erreicht nicht die gewünschte Wirkung. Der Leitfaden ist somit mit einem Haus vergleichbar, in dem die einzelnen Stockwerke aufeinander aufbauen. Das erste Stockwerk des SAM-Leitfadens geht auf die substanziellen Module und Kompetenzen ein, die für eine erfolgreiche SAM-Basis zwingend erforderlich sind. In der zweiten Stufe des Leitfadens ist der Schwerpunkt auf die Standardisierung gelegt, um sowohl Prozesse, als auch die Werkzeuge im gesamten Unternehmen zu harmonisieren. Im dritten Schritt soll eine ganzheitliche SAM-Optimierung erfolgen, weshalb der Schwerpunkt auf dem kontinuierlichen Verbesserungsprozess und dem Fortschritt der SAM-Technologien liegt. Das letzte Geschoss des SAM-Hauses stellt die Ausrichtung des Unternehmens auf ein mehrwertschaffendes und agiles Software-Asset-Management sicher und trägt zur Erreichung der letzten Reifestufe in allen Kompetenzbereichen bei.

6.3 Wechselwirkungen des Leitfadens mit Reife, Risiko und Compliance

Die Entwicklungsschritte des Leitfadens stehen nicht nur mit der SAM-Reife in Beziehung, sondern auch noch mit zwei weiteren Variablen, die direkt beeinflusst werden. Zum einen ist es die Compliance, die durch die stetige SAM-Entwicklung erhöht wird. Zum anderen ist es das Restrisiko, welches sich mit dem Fortschritt und der höheren Compliance immer weiter minimiert. Der nachfolgende Graph (Abb. 20) stellt die Zusammenhänge schematisch dar. Die Compliance und das Risiko stehen zu den Entwicklungsstufen des Leitfadens in einem exponentiellen Verhältnis.[94] Sowohl beim Risiko als auch bei der Compliance reichen einige wenige, aber sehr wichtige Optimierungen aus, um erhebliche Fortschritte zu erzielen. Meist wird das hohe Risiko durch eine oder zwei Kompetenzen, die maßgeblich zu einem hohen Wert beitragen, beeinflusst. Diese zwei Komponenten können allerdings mit einem geringen Aufwand etabliert werden. In der Praxis ist hierbei oft von einer 80/20 Regel die Rede, vom sogenannten Pareto-Prinzip. Dieses besagt, dass 80% des Ertrags mit 20% des Einsatzes erreicht werden können. Sicherlich liegt bei dem vorliegenden Verhältnis nicht die 80/20 Regel vor, jedoch kann das allgemeine Prinzip dieser Regel auf die Beziehung zwischen den Schritten des Leitfadens und der Entwicklung der Compliance, bzw. des Risikos angewandt werden. Bei der Reife liegt eine proportionale Beziehung vor. Sie entwickelt sich mit einem vernachlässigbaren Delta analog zu dem Leitfaden. Speziell am Anfang ist die Abweichung von der proportionalen Beziehung aufgrund der Kapazitätsbegrenzungen noch vorhanden, ist aber im Verlauf der weiteren Entwicklung nur marginal und kann vernachlässigt werden. Alles andere würde auch gegen einen Leitfaden sprechen, der eine stetige Entwicklung des Software-Asset-Managements voran zu treiben als Ziel hat.

---

[94] Vgl. dazu das Entwicklungsmodell von Preskett, Software Asset Management, S.34

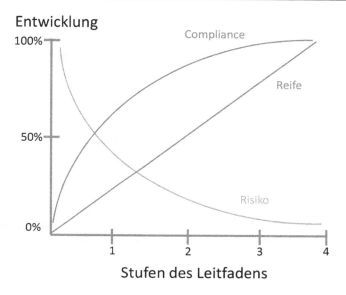

Abb. 20 Abhängigkeiten des Leitfadens[95]

6.4 Generelle Vorgehensweise – Vom SAM-Projekt zum SAM-Organisationsprozess

Aufgrund des heute sehr hohen Risikos ein Software-Audit durchführen zu müssen und des enormen finanziellen Drucks der globalen Wirtschaft, sind die meisten Unternehmen irgendwann an dem Punkt angelangt, wo ein funktionierendes Software-Asset-Management lebensnotwendig ist. Wie aus den genannten Statistiken im Kapitel 3.2 hervorgeht, haben die meisten Unternehmen mit der Einführung und Optimierung des SAMs bereits begonnen. Sie alle haben höchstwahrscheinlich das Thema SAM im Rahmen eines größeren Projektes eingeführt. Dies ist auch die Vorgehensweise, die dem Leitfaden zugrunde liegt. Ein so großes Thema wie SAM sollte immer mit einem organisierten Projekt eingeführt werden. Der Vorteil eines Projekts sind die definierten Kriterien, die bei erfolgreicher Durchführung des Projekts erste SAM-Erfolge garantieren. Die mit Abstand wichtigste Säule eines erfolgreichen Projekts ist die definierte Zielrichtung und die inhaltliche Abgrenzung der im Fokus stehenden Themen.[96] Wenn sowohl der inhaltliche Umfang, als auch der Weg nicht klar sind, droht jedes Projekt zu

---

[95] Eigene Darstellung
[96] Vgl. Canavan, ISO19770-1:2012, S. 40

scheitern. Da SAM außerdem ein Prozess ist, der das gesamte Unternehmen erfasst,[97] ist insbesondere an dieser Stelle eine akribische Projektplanung und eine konkrete Zieldefinition unerlässlich. Der SAM-Leitfaden kann hier eine genaue Abhilfe schaffen. Ja nach zeitlichen und finanziellen Ressourcen, können die einzelnen Entwicklungs-schritte, oder auch die Module in den Entwicklungsschritten als Orientierungshilfen verwendet werden. Bei einem eingeschränkten Budget sollte die Konzentration des Projekts auf der ersten Stufe des Leitfadens liegen. Wenn ein größeres Projekt geplant ist, welches ausreichend Budget und Personalressourcen mitbringt, so können weitere Module oder Entwicklungsschritte in den Projektumfang integriert werden. Nach dem erfolgreichen Abschluss des ersten SAM-Projekts sollte SAM in einen Organisations-prozess überführt werden. Als Organisationsprozess wird an dieser Stelle ein Prozess verstanden, welcher zum einen in dem Unternehmen fest verankert ist und somit Teil der Aufbauorganisation ist, zum anderen aber auch einem stetigen Verbesserungspro-zess unterliegt. Dadurch wird der Grundstein für die weitere Optimierung und Compli-ance-Erhöhung gelegt.

---

[97] Vgl. Groll, 1x1 des Lizenzmanagements, S. 78

7 Das SAM-Haus - Ein Leitfaden zur Entwicklung des Software-Asset-Managements

7.1 Das SAM-Fundament

„Die erste Stufe eines Leitfadens stellt die größte Herausforderung dar. Sie legt den Grundstein für die weitere Entwicklung und muss sich auf das Wesentliche konzentrieren. Wird ein wichtiges Modul in der ersten Stufe fälschlicherweise weggelassen, wächst aufgrund der Abhängigkeiten der Module untereinander der Aufwand exponentiell, dieses Modul zu einem späteren Zeitpunkt zu implementieren. Die erste Entwicklungsstufe des hier erstellten Leitfadens wird sich aus diesem Grund auf die Module konzentrieren, die bereits in den analysierten Best Practices stets an erster Stelle stehen"[98] und wird deshalb metaphorisch als SAM-Fundament des SAM-Hauses bezeichnet. SAM-Governance, SAM-Organisation und die Etablierung eines zentralen Einkaufs sind die drei Grundpfeiler des Fundaments und werden im weiteren Verlauf im Detail erläutert.

Doch bevor Unternehmen ohne weitere Prüfungen mit der Implementierung des Fundaments beginnen, sollte im Vorfeld die tatsächliche SAM-Reife gemessen werden. Hierzu kann das SAM-Reifegradmodell hinzugezogen und konsultiert werden. Je nach Reife in den unterschiedlichen Kompetenzgruppen können sich Unternehmen auf die Module und Bereiche in der ersten Stufe konzentrieren, die bei ihnen nicht stark ausgeprägt sind. Diese Masterthesis wird keine harten Kriterien nennen, ab welcher Reife nach dem SAM-Reifegradmodell, welche Stufe oder welches Modul des Leitfadens umgesetzt sein sollte. Dieses liegt immer im Ermessen der Unternehmen, da die Unternehmensstrukturen und Abhängigkeiten so komplex sind, dass eine hier getroffene Pauschalaussage nicht verantwortet werden kann. Generell dient die erste Stufe des Leitfadens denjenigen Unternehmen, die sich mit dem Thema SAM zum ersten Mal auseinander setzen und keine, bzw. sehr wenig Erfahrung in dem Umfeld haben.

7.1.1 SAM-Governance

Im konzeptionellen Rahmen des Software-Asset-Managements wurde SAM bereits als Subdisziplin der IT-Governance eingeordnet, die sich wiederum aus der Corporate Governance ableitet. Der konzeptionelle Rahmen verdeutlicht einen Aspekt: Die erste Hürde bei der Einführung eines SAMs sollte die Einordnung in das Corporate-

---

[98] Härtel, Einführung und Entwicklung des IT Projektmanagements, S.20

Governance-Modell sein, noch bevor es um Prozesse, Anspruchsgruppen oder Best-Practices geht. „Governance is a critical element to any successful Framework and Software-Asset-Management is no exception".[99] SAM sollte im Governance-Modell nicht als Insel betrachtet werden, sondern ein Teil des Gesamtsystems sein. Speziell CEOs, CFOs und CIOs sollten daran interessiert sein, da sie als Geschäftsführer oder Vorstandsvorsitzende für die Einhaltung von Compliance direkt verantwortlich sind. Bei Nichteinhaltung gesetzlicher Bestimmungen werden sie zur Rechenschaft gezogen. Im ersten Schritt des Aufbaus einer SAM-Governance geht es aus diesem Grund darum, die leitenden Manager von der Dringlichkeit eines SAM-Programms zu überzeugen („Senior management buy-in"). Wenn es nach David Eastwood geht, dem globalen Leader der KPMG-Contract-Governance und einem führenden Experten auf diesem Gebiet, so kann kein Fortschritt im Software-Asset-Management erreicht werden, wenn die führenden Geschäftsführer und Vorstandsmitglieder nicht dahinter stehen.[100] Die Kreierung eines Gefühls für die Dringlichkeit ist bei jedem Veränderungsprozess in der Organisation von enormer Bedeutung und steht im wohl bekanntesten Referenzmodell nach Kotter aus diesem Grund an erster Stelle.[101] Erst nachdem der Bedarf eines SAMs, mit all den Risiken und den Vorteilen aus den einleitenden Kapiteln dieser Arbeit, im oberen Management wahrgenommen wird, wird die erste wichtige Stütze des SAMs realisiert. Darauf aufbauend kann SAM als Disziplin im gesamten Unternehmen aufgebaut und verwaltet werden. Aus Sicht der Governance schlägt R. Concessao in seinem Leitfaden, basierend auf vielen Fallstudien, folgendes Modell (Abb. 21) als wichtigste Säule eines Software-Lizenzmanagements vor. Das Modell gibt einen groben Einblick über die Interessensvertreter und ihre Beziehungen zueinander und ordnet diese in die operative, taktische und strategische Ebene ein. Zu den einzelnen Ebenen werden in diesem Modell außerdem noch die wichtigsten Kernthemen genannt, mit denen sich die Unternehmen gemeinsam mit den Software-Anbietern auseinandersetzen müssen. Ein funktionierendes SAM sollte immer nach einem ähnlichen Muster im Unternehmen verankert sein, um auf jeder Ebene und bei jeder Eskalation stets handlungsfähig zu sein und die richtigen Ansprechpartner in der Organisation zu kennen.

---

[99] Concessao, Why focus on Software License Management, S.68
[100] Vgl. KPMG, Software Asset Management, S. 24
[101] Vgl. Kotter, Leading Change, 1996, S. 21

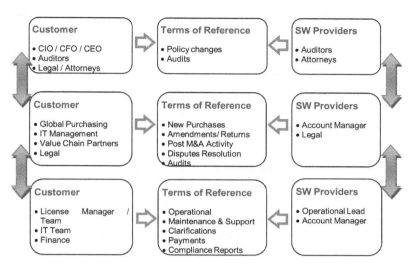

Abb. 21 SAM-Governance-Modell[102]

7.1.2 SAM-Organisation

Das obige Modell hat bereits einen ersten Einblick in die SAM-Organisation gegeben. Wie in jeder anderen Organisation müssen Rollen und Verantwortlichkeiten besetzt werden, um eine beliebige Aufgabe im Unternehmen zu erfüllen. Solange eine Aufgabe ohne einen konkreten Verantwortlichen läuft, wird sie aller Voraussicht nach das Ziel nur selten erreichen. Schon kleinere Aufgaben erfordern eine Konkretisierung der Zuständigkeiten. Bei großen Aufgaben, die in der gesamten Unternehmung verankert werden, ist diese Notwendigkeit um ein Vielfaches höher. Die wichtigsten Interessensvertreter in einer SAM-Organisation werden im Governance-Modell (Abb. 21) auf der linken Seite genannt. Sie vertreten das eigene Unternehmen gegenüber den Software-Herstellern oder Lieferanten. Zur Definition der Zuständigkeiten und der Trennung von Aufgaben zwischen den einzelnen Interessensvertretern bietet sich die Erstellung einer RACI-Matrix an (Responsible, Accountable, Consulted, Informed). Dieses Tool wird in vielen Methoden verwendet,[103] um die Rolle eines jeden Mitglieds einer zusammenhängenden Organisation im Entscheidungsprozess zu konkretisieren.

- Responsible meint den Zuständigen, der für die Ausführung der Aufgabe benannt ist und diese voran treibt

---

[102] Concessau, Why focus on Software License Management, S. 69
[103] Vgl. Six Sigma, ITIL

- Accountable beschreibt denjenigen, der für die Erreichung des Ziels haftbar gemacht wird. Er ist der Hauptverantwortliche für den Erfolg

- Consulted bezieht sich auf die Leute, die beratend zur Seite stehen. Meist sind es Experten oder andere Autoritäten

- Informed bezieht sich auf diejenigen, die bei wichtigen Entscheidungen informiert werden müssen. Es kann sich dabei beispielsweise um den CEO eines Unternehmen handeln, der bei Grundsatz-Entscheidungen stets zu informieren ist

Zur Erstellung und Verteilung der Aufgaben in einer RACI-Matrix empfiehlt es sich die Aktivitäten eines Prozesses, in diesem Fall alle SAM-Aktivitäten des Unternehmens, in einer Listenform (als gedachte Y-Achse) aufzuschreiben und eventuell nach Zusammengehörigkeit zu gliedern. Auf der X-Achse dieser Darstellung können alle Beteiligten des SAM-Prozesses notiert werden. Bestenfalls sollten auch nicht-IT-Mitarbeiter in die SAM-Organisation mit eingebunden werden. Speziell der Einkauf, die Rechtsabteilung, aber auch die Compliance-und Risikomanagementbereiche gehören in eine ausgereifte SAM-Organisation dazu. Je mehr Bereiche sich am SAM-Prozess beteiligen, desto höher ist die Erfolgschance, dass sich eine nachhaltige Veränderung im Unternehmen etabliert, und dass SAM erfolgreich gelebt wird. Im dritten Schritt der RACI-Matrix-Erstellung werden dann die einzelnen Prozessschritte einem Beteiligten mit der dazugehörigen Aktivität (R, A, C, I) zugeordnet. Jeder Aufgabe oder Teilaufgabe in einem Prozess sollte immer nur ein Accountable zugeordnet werden, während die anderen Aktivitäten auf mehrere Personen gleichzeitig verteilt werden können. Dadurch werden Unklarheiten und Abstimmungsprobleme vermieden und ein klarer Verantwortlicher definiert. Die Zuweisung von Rollen und Verantwortlichkeiten in einer aufstrebenden SAM-Organisation ist fundamental. Vielen Unternehmen misslingt laut des KPMG-Direktors, Nav Bahl, eine kontinuierliche SAM-Optimierung, da sie noch nicht endgültig geregelt haben, wo SAM im Unternehmen platziert werden kann. Daher empfiehlt auch die KMPG bei der Implementierung eines SAM-Optimierungsprogramms im zweiten Schritt eine klare Verantwortungsstruktur aufzubauen, auf dessen Spitze ein globaler Software-Asset-Manager stehen sollte, der den gesamten Bereich als „Responsible" vorantreibt.[104] Dieser muss nicht zwangsläufig in der IT sitzen, sollte aber sehr IT-nah agieren und bestenfalls auch in den Einkaufsthemen involviert sein. Die Business Software Alliance spricht sich für einen Software-Asset-Manager aus, der entweder in

---

der IT-Verwaltung oder im IT-Einkauf sitzt und auch in der Stellenbeschreibung klar ausgewiesen wird.[105]

In der ersten Stufe einer SAM-Organisation kann auch ein kleines Team rund um den Software-Asset-Manager aufgebaut werden, das sich mit Kernthemen auseinandersetzt. Dazu gehören z. B. globale Audits, Ausgestaltung globaler Rahmenverträge, regelmäßige Vermessungen der zentralen Software, etc. Dieses SAM-Team nimmt auch in der RACI-Matrix eine elementare Rolle ein. Es sollte bei allen Lizenzstreitfragen oder Problemen mit den Softwareanbietern der Single-Point-Of-Contact sein. Der Informationsaustausch sollte nie direkt vom Business/ Fachbereich zum Softwareanbieter erfolgen, sondern immer das SAM-Team als Kommunikationskanal einschließen. So wird sichergestellt, dass die Informationen im globalen Kontext beleuchtet und bewertet werden, dass keine Falschinformationen das Unternehmen verlassen, und dass nur die relevanten Informationen tatsächlich weiter gegeben werden.[106] Torsten Groll hat in seinem Praxisleitfaden die wichtigsten Aufgaben eines Software-Asset-Managers erarbeitet. An dieser Stelle wird ein Auszug dieser Aufgaben vorgestellt.[107]

Der Software-Asset-Manager

- steuert und überwacht die Lizenzbeschaffung für alle Objekttypen (Client, Server, Host)
- unterstütz die Fachabteilung bei der strategischen Softwarebedarfsplanung
- formuliert Richtlinien, Maßnahmen und Kontrollmechanismen für den Umgang mit Lizenzen und agiert gemäß den Lizenzmodellen
- begleitet Software-Audits
- verantwortet die Berichterstellung zum SAM für das Management
- plant und initiiert Maßnahmen zur Verbesserung der SAM-Prozess
- kontrolliert die nachhaltige Umsetzung des kontinuierlichen Verbesserungsprozesses aus den erforderlichen Maßnahmen
- stellt Daten und Reports aus dem SAM-Tool für zukünftige Vertragsverhandlungen zur Verfügung
- stellt Daten für die Bedarfsplanung der Fachbereiche hinsichtlich der Plan- und Ist-Kosten zur Verfügung

7.1.3 Zentralisierung des Einkaufs

Der Beschaffungsvorgang neuer Software und der dazugehörigen Lizenzen stellt im gesamten SAM eine Schlüsselkomponente dar. Über diese Vorgänge wird die Lizenz-Haben-Seite verwaltet. Lizenzbestand ist, wie in den Grundlagenkapiteln erörtert wur-

---

[105] Vgl. BSA, Gefährden Sie nicht Ihr Unternehmen, S. 17

[106] Vgl. Concessao, Why focus on Software License Management, S.70

[107] Vgl. Groll, 1x1 des Lizenzmanagements, S. 130

de, eine der beiden Variablen, neben dem Lizenzbedarf, um die Lizenz-Compliance zu identifizieren. Daher sollte jedes Unternehmen ein hohes Augenmerk auf die Beschaffung und die dort ablaufenden Prozesse legen. Optimierung der Einkaufsprozesse ist an dieser Stelle nicht Teil des Kapitels. Hier geht es vielmehr um eine grundlegende Vorbereitung für weitere Optimierungen. Die Schaffung einer zentralen und global tätigen Einkaufsorganisation steht hier im Vordergrund. In vielen anderen SAM-Leitfäden und Best-Practices ist es ein Kernelement, das stets auf den ersten Plätzen einer Optimierungsreihenfolge rangiert. Dieses hat sehr viele gute Gründe. Zum einen ist eine zentral agierende IT-Einkaufsorganisation in der Lage wesentliche Elemente bei sich zu bündeln. Dazu gehören z. B. zentrale Softwareverträge, die alle Volumen-und Rahmenverträge beinhalten, oder die zentrale Archivierung und Aufbewahrung von Kaufinformationen und Kaufnachweisen, die im Falle eines Audits häufig bis ins letzte Detail vorgelegt werden müssen. Außerdem ist ein zentraler Einkauf in der Lage Einkaufsbestrebungen aus den Fachbereichen und Regionen eines Unternehmens zu bündeln und höhere Rabatte auszuhandeln. Die Vorgaben für Standardisierungen von Hardware und Software müssen ebenfalls in Abstimmung mit der IT durch den Einkauf erarbeitet und umgesetzt werden. Die Verantwortung für die Pflege und Wartung von SAM-relevanten Informationen wird durch den zentralen Einkauf auf wenige Schultern verteilt, die auch in einer RACI-Matrix spezifischer definiert werden können. Auf diese Informationen kann effektiver und effizienter zugegriffen werden. „Wenn die Ausgaben für Software und die Verantwortung für deren Beschaffung nicht vollständig überblickt werden können, ist es fast unmöglich den gesamten Nutzen von SAM zu realisieren",[108] so äußert sich der internationale Interessensverband von Softwareanbietern zur Wichtigkeit einer zentralisierten Beschaffung. Ein zentraler Einkauf ist laut SAM-Governance-Modell in der taktischen Ebene anzusiedeln. Trotz vieler operativer Tätigkeiten, wie die simple Auslösung einer Bestellung oder die Pflege eines Bestellkatalogs, geht es an dieser Stelle um die Schaffung einer Einkaufsorganisation, die taktisch agiert und die oben genannten Kompetenzen einschließt. Aufgrund von vielen lokalen, gesetzlichen und steuerlichen Einschränkungen muss Software in vielen Ländern vor Ort beschafft werden, um sie einsetzen zu können. Für den zentralen Einkauf bedeutet es, dass er globale Rahmenverträge aushandeln muss, auf die sich die lokale Beschaffung beziehen kann. So können operative Tätigkeiten weiterhin lokal ausgeübt werden, während die unternehmensweiten Themen beim zentralen Einkauf liegen. Der zentrale Einkauf muss zusätzlich die Infrastruktur, die zur Kommunikation und Abstimmung mit dem lokalen Einkauf notwendig ist, zur Verfügung stellen. Die Bereitstellung von SAM-Technologien sowie den Prozessen ist jedoch Inhalt nachfolgender Optimierungsschrit-

---

[108] BSA, Gefährden Sie nicht Ihr Unternehmen, S.17

te und wird dort wieder aufgegriffen. In diesem Schritt ist die Hauptaufgabe einen zentralen Einkauf zu etablieren, diesen mit Kompetenzen auszustatten und globale Themen in dieser Organisation zu bündeln.

7.1.4 Reifegradverbesserung durch das SAM-Fundament

Wie in der Einleitung zum SAM-Fundament bereits erläutert sind direkte Rückschlüsse von eben erwähnten SAM-Maßnahmen auf die allgemeine SAM-Reife nicht einfach möglich. Dazu sind die Ausgangsbedingungen und die unternehmerische Individualität zu vielfältig und zu komplex zu erfassen. Trotzdem ermöglicht das SAM-Fundament eine tendenzielle Reifegradoptimierung in einigen Kernbereichen, wenn davon ausgegangen wird, dass sich das Unternehmen in allen Kompetenzen höchstens in der ersten Reifegradstufe „Basis" befindet. Rollen und Verantwortlichkeiten gehören zu einer der Kompetenzgruppen, die durch das SAM-Fundament verbessert wird. Speziell die Kernkompetenz der SAM-Organisation wird durch die ersten Maßnahmen in die Reife „Standardisiert" befördert. Das vorgestellte SAM-Governance-Modell trägt zur weiteren Optimierung und Regelung der Verantwortlichkeiten bei und hebt in der SAM-Organisation nochmalig die Gesamtreife. Eine weitere Kompetenzgruppe auf die sich das SAM-Fundament direkt auswirkt ist die SAM-Governance. Durch die Etablierung eines Governance-Modells und die Verteilung von Rollen und Verantwortlichkeiten nach einem RACI-Modell werden Kommunikationswege fest definiert und die Bekanntheit und die Notwendigkeit eines SAMs im Unternehmen gestärkt. Das oberste Management ist nun in die Entscheidungen rund um SAM eingebunden und berücksichtigt SAM-relevante Themen in der Vision und Strategie des Unternehmens. Das Bewusstsein zur Einhaltung und das Streben nach einer ordentlichen Compliance ist durch das SAM-Fundament aufgebaut und trägt zu einer möglichen Erhöhung der Reife in der SAM-Governance auf die Stufe „Standardisiert" bei. Das Governance-Modell hat aber auch Auswirkungen auf die SAM-Verbreitung im Unternehmen. Dadurch dass auch die externen Partner im Modell ihre Berücksichtigung finden und die Mitarbeit mit diesen klar über die unterschiedlichen Ebenen des Unternehmens strukturiert wird, wird die zweite Reifegradstufe speziell in der externen Verbreitung des SAMs durch das SAM-Fundament angestrebt. Die dritte Komponente des SAM-Fundaments bezieht sich auf die Etablierung einer zentralen Einkaufsorganisation und hat direkten Einfluss auf die SAM-Reife in der Kernkompetenz „Einkauf" in der Kompetenzgruppe der Richtlinien und Prozesse. Hierdurch wird ebenfalls mindestens die Reife „Standardisiert" erreicht. Das folgende Schaubild fasst schematisch die Ergebnisse des SAM-Fundaments zusammen und gibt einen Überblick über die erwähnten Auswirkungen auf die SAM-Reife des Unternehmens.

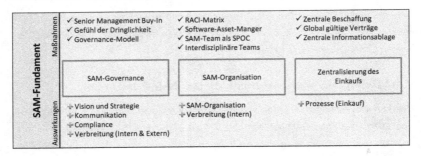

Abb. 22 SAM-Fundament[109]

7.2 SAM-Standardisierung

Das SAM-Fundament hat dazu beigetragen eine Struktur im Unternehmen zu schaffen, die zu einem vorhandenen Bewusstsein für das Software-Asset-Management führt. In der zweiten Stufe, der SAM-Standardisierung, werden bisher unberührte Basisthemen untersucht und eine Standardisierung dieser über das gesamte Kompetenzspektrum angestrebt. Die daraus entstehende Vereinheitlichung von Abläufen und Objekten nach gewissen Vorlagen schafft mehrwertbringende Optionen. Standards senken generell die Kommunikationskosten, bringen Zeitvorteile, verursachen weniger Medienbrüche in den Prozessabläufen und machen Prozesse und Ergebnisse transparenter.[110] Wenn das Unternehmen alle Komponenten des SAM-Fundaments und der SAM-Standardisierung erfolgreich umgesetzt hat, wird es eine solide SAM-Reife, mindestens der Stufe „Standardisiert", über die meisten Kompetenzgruppen hinweg erreichen. Untersuchungsgegenstand dieser Stufe werden Prozesse, Daten und Tools, sowie die externen Lieferanten bilden. Insbesondere der Block der Prozesse und der Block der Daten/ Tools wird zu einer enormen Optimierung der SAM-Reife im gesamten Unternehmen beitragen und in der Umsetzung sehr umfassend sein. Um den Rahmen dieser Arbeit nicht zu sprengen, werden nur die wichtigsten Prozesse und die dahinterliegenden Grundlagen erläutert. Prozessdetails können vorhandenen Rahmenwerken, die in den Grundlagenkapiteln erörtert worden sind, entnommen werden.

---

[109] Eigene Darstellung
[110] Vgl. Krcmar, Informationsmanagement, 2005, S.225

7.2.1 Prozesse

7.2.1.1 Allgemeine Vorgehensweise bei der Prozessoptimierung

Viele Unternehmen sehen in der Reorganisation ihrer betrieblichen Abläufe und in der Optimierung ihrer Prozesse einen wichtigen Ansatzpunkt zur Effizienzsteigerung ihrer Organisation.[111] Wenn man die Definition von SAM aus dem Kapitel 3.1 in Erinnerung ruft, so stellt man fest, dass SAM größtenteils von allen Verbänden oder Instituten als ein Prozess definiert wird. Durch die Kombination von Menschen, Systemen und Prozessen wird eine saubere Lizenzbilanz erreicht, die sich positiv auf Kostenminimierung und Risikoreduzierung auswirkt. Insbesondere werden Subprozesse wie Beschaffung, Inbetriebnahme, Verwaltung und Stilllegung als wichtige Kernprozesse in den Definitionen erwähnt. Daraus lässt sich schließen, dass Prozesse wohl der wichtigste Faktor bei einer SAM-Optimierung sind und diesen daher eine besonders große Rolle in diesem Leitfaden zukommt. Dennoch werden Prozesse erst in der zweiten Stufe des SAM-Hauses untersucht, da Prozesse ohne dahinterliegende, grundlegende Strukturen im Unternehmen nicht funktionieren können.

Prozesseinführungen und Verbesserungen bestehen grundsätzlich aus zwei wesentlichen Schritten. Zu Beginn werden vorhandene Prozesse erfasst, d.h. eine Ist-Analyse durchgeführt. Als Hilfsmittel kann für den Anfang sicherlich das Praxismodell nach Groll[112] hinzugezogen werden, weil es die wichtigsten Prozesse in zwei Bereiche trennt und somit einen schnellen Einstieg ermöglicht: Die Beschaffungsprozesse und die IMAC-Prozesse. Sicherlich könnten die Unternehmen auf einer „grünen Wiese" anfangen, die Analyse der aktuellen Prozesse überspringen und direkt mit der Definition der zukünftigen Soll-Prozesse beginnen. Dieses lässt sich in der Praxis aufgrund von komplexen Prozessabhängigkeiten oder eingefahrenen Prozessschritten jedoch schwer umsetzen. Eine Optimierung der Prozesse kann nur dann erfolgen, wenn die aktuellen Probleme identifiziert und verstanden werden, um durch die Prozessverbesserung Fehler aus der Vergangenheit zu beseitigen.[113] Zur Analyse der Ist-Prozesse können bereits bekannte Muster der Reifegradbestimmung, wie die Bestimmung der Fähigkeitsgrade nach dem CMMI-Modell[114] genutzt werden. Anhand der gemachten Analyse sollten dann im zweiten Schritt Maßnahmen abgeleitet werden, um die Prozesse zu optimieren. Das folgende Schaubild stellt den Betrachtungsgegenstand der Prozessop-

---

[111] Vgl. Krcmar, Informationsmanagement, 2005, S. 119

[112] Siehe Kapitel 3.4.2

[113] Vgl. Groll, 1x1 des Lizenzmanagement, S. 104

[114] Siehe Kapitel 5.3.1

timierung dar und beschreibt notwendige Komponenten auf die der Prozess untersucht werden sollte:

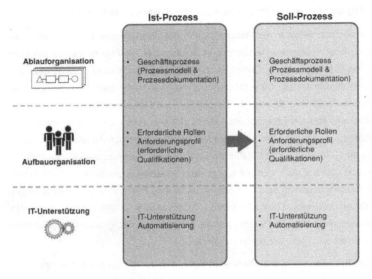

Abb. 23 Betrachtungsgegenstand der Prozessoptimierung[115]

Die erste Verbesserung wird durch eine saubere Dokumentation der aktuellen Prozesse und dahinter liegender Richtlinien erreicht. Alle Prozesse, sowohl in der Beschaffung, als auch im Betrieb der Software, sollten mit ihrem Input und ihrem Output dokumentiert und in der Ablauforganisation fest verankert werden. Die Verantwortlichkeiten in der Aufbauorganisation müssten mithilfe der RACI-Matrix klar geregelt werden. An dieser Stelle empfiehlt es sich die RACI-Matrix aus dem SAM-Fundament zu überarbeiten und die neu entwickelten Prozesse dort ebenfalls zu verankern. Zuletzt sollte die Prozessdokumentation die Abhängigkeiten zu den Technologien aufweisen und den Grad der Automatisierung festhalten oder vorgeben. Allgemeine, typische Fragestellungen bei der Optimierung von Prozessen in den drei Bereichen sind folgende:

Innerhalb der Ablauforganisation:

- Bestehen Möglichkeiten Prozessschritte zu standardisieren?
- Können Prozessschritte eliminiert, parallelisiert bzw. zusammengefasst werden?

---

[115] Bayer, Prozessmanagement für Experten, S. 204

- Kann die Anzahl der im Prozess genutzten Formulare und Dokumente reduziert werden?

- Wie können Informationsübergaben effizient gestaltet bzw. Rückfragen vermieden werden?

- Gibt es Tätigkeiten, die sehr aufwendig oder umständlich sind? Was sind die Ursachen dafür?

Innerhalb der Aufbauorganisation:

- Inwiefern können Prozessteile auf einzelne Aufgabenträger übertragen werden, um Schnittstellen zu reduzieren?

- Bestehen Möglichkeiten, eine Prozessverantwortung zu etablieren?

Innerhalb der IT-Unterstützung:

- Gibt es Medienbrüche (z. B. Ausdrucken und erneutes Abtippen von Informationen), die sich vermeiden lassen?

- Welche Prozessteile können durch Verbesserung der IT-Unterstützung optimiert werden?

- Werden Daten redundant, also z. B. in mehreren Anwendungen, erfasst?[116]

7.2.1.2 Konkrete Optimierungsvorschläge am Beispiel von Beschaffungs- und IMAC-Prozessen

Mit den oben genannten Fragen im Hinterkopf können die aktuellen Prozesse verbessert und die zukünftigen Soll-Prozesse daraus entwickelt werden. Bezug nehmend auf die Beschaffungsprozesse können Unternehmen anhand weniger Eingriffe sehr schnell Optimierungen herbeiführen. Dem Leitfaden nach sollte ein zentraler Einkauf bereits ein fester Bestandteil der Aufbauorganisation sein. Diesen gilt es in der Phase der SAM-Standardisierung in der Ablauforganisation fest zu verankern. Folgende erste Maßnahmen zur Optimierung der Beschaffungsprozesse schlägt Groll in seinem Praxisleitfaden vor:

- Definition einheitlicher Ablagerichtlinien und Namenskonventionen, um eine standardisierte Vertragsverwaltung zu ermöglichen

- Schaffung einer strukturierten, zentralen Ablage für die Lizenzinformationen (Rechnungen, Lizenzscheine, Lizenzkeys, Datenträger)

---

[116] Vgl. Bayer, Prozessmanagement für Experten, S. 205f

- Konzepterstellung zur Vereinheitlichung künftiger Beschaffungswege und der damit geschaffenen Grundlage für eine einheitliche und zentrale Software-und Lizenzbeschaffung (z. B. nur noch über ein zentrales System)

- Entwicklung von Check-Listen die bei Prozessabläufen hinzugezogen werden können (z. B. für den Einkauf, um Vertragsverhandlungen schneller abwickeln zu können)

- Reduzierung der bisherigen Beschaffungsprozesse auf ein notwendiges Minimum

- Erstellung einer einheitlichen und unternehmensweit gültigen Richtlinie für die zukünftigen Beschaffungsprozesse

- Verteilung der Rollen und Verantwortlichkeiten in Bezug auf die künftigen Beschaffungsprozesse[117]

All diese Maßnahmen konkretisieren aufbauend auf dem SAM-Fundament die Weiterentwicklung einer zentralen Einkaufsorganisation mit einheitlichen Beschaffungsprozessen, die für das gesamte Unternehmen ihre Gültigkeit haben. Analog zu den Beschaffungsprozessen lassen sich auch die IMAC-Prozesse nach ähnlichem Muster optimieren, indem die Aufbauorganisation, die Ablauforganisation und die Unterstützung durch IT-Systeme in Einklang gebracht werden. Unten aufgeführt befinden sich einige Maßnahmen, die eine Optimierung der IMAC-Prozesse vorantreiben können:

- Vollständige Kontrolle über installierte Software, durch restriktive Nutzerrechte auf den Clients (Minimierung lokaler Administratoren auf den Clients). Endnutzer dürfen keine Software selber installieren, sondern müssen diesen Prozess über definierte, zentrale Administratoren initiieren.

- Aufbewahrung der Lizenzkeys an einer zentralen Stelle und eine organisierte Herausgabe dieser durch einen klaren Prozess

- Aktivierung einer Software-Überwachung, um bei einer bestimmten Dauer der Nichtnutzung die Software automatisiert von dem Client zu entfernen[118]

Die Optimierung der Prozesse sollte sich jedoch nicht nur auf die Beschaffungs- und IMAC-Prozesse beschränken. Je nach Reife des Unternehmens in den Prozessen, den vorhandenen Ressourcen und dem Budget, welche zur Optimierung zur Verfügung

---

[117] Vgl. Groll, 1x1 des Lizenzmanagements, S. 120

[118] Diese Maßnahme ist bei deutschen Unternehmen sehr umstritten und widerspricht oft den Betriebsvereinbarungen des Betriebsrats, da eine verstärkte Überwachung der Mitarbeiter stattfindet. Aus Gründen des Software-Asset-Managements ist diese Maßnahme jedoch von erheblicher Wichtigkeit und trägt zu einer enormen Optimierung der Lizenzsituation bei.

stehen, sollte die Einführung von international akzeptierten und standardisieren Prozessen nach der ISO-Norm 19770[119] angestrebt werden. Diese Norm berücksichtigt neben den operativen Lebenszyklusprozessen (Beschaffung und IMAC) auch organisatorische und übergeordnete SAM-Prozesse und bringt die gesamten Prozesse miteinander besser in Einklang. Die entsprechenden Beschreibungen dieser Prozesse, die Voraussetzungen und die Auswirkungen können direkt der ISO-Norm entnommen werden und werden in diesem Leitfaden nicht weiter konkretisiert. Nach der generellen Überprüfung und Optimierung der Prozesse sollten als Ergebnis dieser Phase alle Prozesse beschrieben und in einem standardisierten Design den Mitarbeitern zur Verfügung gestellt werden. Es empfiehlt sich, alle neuen Soll-Prozesse in einem öffentlich zugänglichen Steckbrief zu dokumentieren. Dadurch wird Transparenz in den Prozessabläufen geschaffen und im Unternehmen, falls noch nicht vorhanden, ein neuer Dokumentationsstandard etabliert. Ein Mustersteckbrief kann dem Anhang dieser Arbeit entnommen werden.

7.2.2 Daten und Tools

„Die Gestaltung betrieblicher Informationssysteme beschäftigt sich mit den Daten, die von der Software einer Anwendung benötigt oder erstellt werden, und mit den Funktionen, welche die Software einer Anwendung zur Unterstützung des Anwenders bereitstellt. Eine Konzentration auf Einzelfunktionen birgt die Gefahr, dass sie nicht mehr in ihrem Kontext gesehen werden. Erst durch die geeignete Verknüpfung der Funktionen einer Anwendungssoftware werden komplexe betriebswirtschaftliche Aufgaben unterstützt.", so beschreibt Krcmar (2005) die Wichtigkeit der Ausrichtung der Daten und Informationssysteme (Tools) auf die betriebswirtschaftlichen Abläufe (Prozesse) zur optimalen Unterstützung dieser.[120] Daten und Tools sind auch essentielle Bestandteile einer generellen SAM-Optimierung. Sie bauen in dem hier vorgestellten Leitfaden folgerichtig auf den Prozessen auf und haben das Ziel diese bestmöglich in den Abläufen zu unterstützen. Dieser Schritt des Leitfadens dient dazu sich mit den wichtigsten Datenquellen im SAM auseinander zu setzen und ein mögliches Konzept der Beherrschung dieser Daten kennen zu lernen.

Im Software-Asset-Management haben es die Unternehmen mit drei grundlegenden Datenquellen zu tun:

---

[119] Siehe Kapitel 3.4.3
[120] Krcmar, Informationsmanagement, 2005, S. 119

1. Softwarebestandsdaten („Inventory-Daten")

   Diese geben Auskunft über den installierten Softwarebestand auf allen Systemen. Diese Daten spiegeln somit den eigentlichen Lizenzbedarf wider, da alles zu lizenzieren ist, was im Unternehmen an Software eingesetzt wird.

2. Vertragsdaten

   Software-Verträge regeln die zugrundliegenden Nutzungsbestimmungen und Konditionen, die für den Einsatz der Software gültig sind. Schneller Zugang zu diesen Informationen und Transparenz über die laufenden Verträge ist essentiell für den Betrieb eines Software-Asset-Managements.

3. Kaufdaten

   Kaufdaten stellen den Beweis dar, dass die Software ordnungsgemäß erworben wurde. Oftmals dienen diese Kaufinformationen als ein direkter Nachweis in einem Software-Audit und müssen für jede Installation vorgelegt werden können. Sie können vielfältig sein und sich sowohl auf die direkte Kaufbestätigung, die Lizenz an sich, das Echtheitszertifikat, oder die Produktbox, in der die Software erworben wurde, beziehen.

Diese drei Datenquellen müssen im Rahmen der SAM-Optimierung etabliert und die dazugehörigen Informationen effektiv verwaltet werden. Am Markt existiert dazu eine Vielzahl von Tools, die das Verwalten all dieser Datenquellen innerhalb einer Anwendung ermöglichen. Die sogenannten SAM-Tools oder auch Lizenzmanagement-Tools beinhalten alle Funktionen, die für ein ordnungsgemäßes SAM notwendig sind und bieten meist darüber hinaus noch mehr Funktionalitäten, die all diese Informationen integrieren, analysieren und auswerten.

Die Einführung solch eines Tools ist ab einer bestimmen Komplexität unumgänglich. Insbesondere eine manuelle Inventarisierung von Clients und Servern kann ab einer gewissen Architekturgröße nicht mehr durchgeführt werden. An dieser Stelle ist ein Inventarisierungstool eine zuverlässige Lösung. Dieses Tool scannt automatisch alle Clients und Server ab und konsolidiert diese Information in einer zentralen Datenbank. Zu den gesammelten Informationen gehören die Hardwareinformationen, alle Softwareinformationen und meist auch die Nutzerinformationen, um spezielle Lizenzbestimmungen wie das Zweitnutzungsrecht zu beachten und davon zu profitieren. Die Kenntnis über den Softwarebestand versetzt das Unternehmen in die Lage genaue Aussagen zu dem Lizenzbedarf geben zu können. Denn all die Anwendungen, die in dem Unternehmensnetzwerk eingesetzt werden, erfordern die Einhaltung der Nutzungsbestimmungen. Der Softwarebestand gibt somit Auskunft über den Lizenz-

Sollbestand und fließt direkt als Variable in die Compliance-Berechnung ein. In der Praxis ist die Erfassung der Software komplizierter als es in dieser Arbeit den Anschein hat. Insbesondere muss in der Server-Architektur der hohen Komplexität des Betriebs Rechnung getragen werden. Aufgrund von technischen Fortschritten in der Virtualisierung und der Konsolidierung von Server-Architekturen passt sich auch die Lizenzmessung stetig an. Die im Kapitel 4.3.4 beschriebenen Lizenzmetriken verdeutlichen diese Komplexität. Wo früher eine Lizenz pro physischen Server „verbraucht" wurde, muss heute jeder Prozessorkern ausreichend lizenziert werden. Übertragen auf ein mögliches Inventarisierungstool bedeutet es, dass dieses in der Lage sein muss solche Gegebenheiten zu berücksichtigen und dies bei der Errechnung des Lizenzbedarfs zu beachten. Ein weiteres Merkmal einer guten Inventarisierungsanwendung ist die korrekte Erkennung der installierten Software. Neben der Software selbst sollten die Edition, die Version und weitere Identifikationsmerkmale der Software richtig erkannt werden. Hierzu werden vom dem Softwareanbieter des Inventarisierungstools zusätzliche Services angeboten, wie die regelmäßige Aktualisierung des Katalogs bekannter Software oder die Pflege und Anpassung unterschiedlicher Lizenzmetriken. Diese Services sollten unbedingt in Anspruch genommen werden, da eine akkurate Aussage über den tatsächlichen Lizenzbedarf das Compliance-Risiko erheblich minimiert.

Eine Anwendung zur Steuerung und Verwaltung der Softwareverträge ist die zweite Nutzungsform eines SAM-Tools. Softwareverträge sind ebenso wie alle anderen Verträge elementar wichtig und regeln die Zusammenarbeit zwischen dem Anbieter und dem Nutzer. Aufgrund einer Vielzahl möglicher Kooperationen mit dem Software-Anbieter muss ein SAM-Tool zum Vertragsmanagement alle Formen der Verträge abdecken können. Es existieren Volumenverträge, die die Abnahme großer Volumina von Software regeln, Unternehmensverträge, die meist durch einen höheren Preis viele Vorteile mit sich bringen, oder ausgewählte Einzelverträge, die nur für eine Transaktion abgeschlossen werden. Ein Vertrags-Tool muss all diese Eigenschaften berücksichtigen und die Pflege dieser Informationen ermöglichen. Verträge geben oftmals keine Auskunft über die Anzahl der erworbenen Lizenzen, sondern regeln lediglich unter welchen Bedingungen die Lizenzen beschafft werden können.

Für die korrekte Anzahl der erworbenen Lizenzen ist wiederrum eine andere Komponente eines SAM-Tools zuständig. Die dritte Ausprägung des Tools bezieht sich auf die Verwaltung der Kaufinformationen und somit der Lizenzen, die beim Kauf erworben werden. Wie in den Grundlagekapiteln erörtert, erfolgt beim Kauf von Software eine Übertragung der Nutzungsrechte. Der Softwarehersteller bleibt weiterhin der Urheber und kann die Gestaltung der Nutzungsrechte, die beim Kauf gelten, frei definieren. Kaufinformationen enthalten sowohl Angaben zu einem möglichen Vertrag und damit zu den Vertragsregelungen, als auch zu der tatsächlichen Lizenznutzung, aus der später der Lizenzbestand hervorgeht. Somit liefert diese Komponente eines SAM-Tools die fehlende Variable für die Berechnung der Compliance.

Für den effektiven Einsatz des SAM-Tools ist noch eine letzte Komponente, die SAM-Logik, erforderlich. Diese Komponente ist das Herzstück der gesamten Anwendung. Sie führt alle Informationen zusammen und verbindet diese logisch. Erst jetzt können aufgrund der bekannten Informationen Rückschlüsse auf die Lizenz-Compliance, auf das aktuelle Risiko oder auf den Optimierungsbedarf gezogen werden. Im Grunde handelt es sich dabei um die Steuerung des gesamten SAM-Tools und befähigt den Software-Asset-Manager seinen Job richtig zu machen. Das folgende Schaubild fasst die genannten Komponenten eines SAM-Tools zusammen:

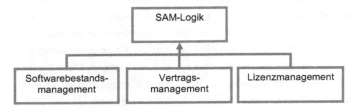

Abb. 24 Konzept eines SAM-Tools[121]

Schon die Einführung eines SAM-Tools ist eine komplexe und mit hohem Risiko verbundene Aufgabe. Diese sollte bestenfalls im Rahmen eines Software-Einführungsprozesses erfolgen und von der Toolevaluierung über Konzeption, Proof of Concept bis hin zum tatsächlichen Rollout alle typischen Phasen solch einer Einführung enthalten. Die oberste Prämisse bei einer Tool-Implementierung ist immer die Verankerung des Tools in die Prozessabläufe des Unternehmens, um den höchstmöglichen Mehrwert zu generieren. Erst eine Kopplung des SAM-Tools mit anderen betrieblichen Anwendungen (z. B. zur Beschaffung oder zur Softwareinstallation) entfaltet das komplette Potential, welches solch eine SAM-Software mit sich bringt. Dieses wird jedoch in der nächsten Stufe des Leitfadens verstärkt behandelt.

7.2.3 Software-Lieferanten

Das dritte Teilstück der SAM-Standardisierung bezieht sich auf die externen Softwarepartner, bei denen oder über die Software eingekauft wird. Um die aktuelle Lizenzsituation zu erfassen und das Risiko eines Audits einschätzen zu können, bedarf es einer

---

[121] Eigene Darstellung

guten Übersicht über die laufenden Partnerschaften mit den Softwareherstellern und Software-Anbietern. Wie in vielen anderen Bereichen kann auch hier das bereits bekannte Pareto-Prinzip beobachtet werden. 80% der Software-Kosten fallen bei ca. 20% der Software-Lieferanten an.[122] Es wäre vermessen die Lizenzen aller Software-Hersteller im Unternehmen vollständig und mit höchster Qualität verwalten zu wollen. Wie auch bei den Prozessen oder Tools sollten sich Unternehmen auf die wichtigsten Geschäftspartner konzentrieren und ihre Beziehungen zu ihnen auf langfristige Sicht ausbauen. Dieses kann zum einen durch eine starke Integration der Lieferanten in die internen, zentralen SAM-Prozesse (z. B. interne Lizenzaudits, Planungs-und Beschaffungsprozesse) erfolgen. Zum anderen sollten regelmäßige Austauschrunden (gemäß SAM-Governance-Modell) einberufen werden, die sich in definierten Abständen über das Lizenzmanagement, neue Technologien, Produkte und generelle Unternehmensstrategien austauschen, um die andere Seite besser kennen zu lernen und zu verstehen. Die Vorteile, die sich daraus ergeben sind vielfältig. Bei existierenden Streitfällen, z. B. in einer Audit-Situation, kann mehr erreicht werden, wenn der Kontakt zum Lieferanten auf einer partnerschaftlichen Basis abläuft. Im Falle eines negativen Audit-Ergebnisses, indem ein Compliance-Verstoß nachgewiesen wurde, entscheidet die Beziehung zum Partner über das Strafmaß.[123] Weitere Vergünstigungen einer engen, strategischen Partnerschaft können auch bei Unternehmensrabatten, neuen Abschlüssen, etc. erreicht werden. Starke Kooperation führt zu einer engeren Vertrauensbasis und hat neben den finanziellen Ersparnissen bei Geschäftstransaktionen, auch einen schnelleren Informationsaustausch zur Folge.

7.2.4 Reifegradverbesserung durch die SAM-Standardisierung

Die Phase der SAM-Standardisierung wirkt sich sehr positiv auf die Gesamtreife des SAMs im Unternehmen aus. In dieser Stufe werden wesentliche Meilensteine erreicht, die einen fortschrittlichen Einfluss auf alle Kompetenzgruppen haben. An oberster Stelle stehen die eingeführten, standardisierten Prozesse. Im bisherigen Leitfaden ist das der Block, der höchstwahrscheinlich den größten Aufwand im Unternehmen verursacht, auf der anderen Seite aber einen ebenso hohen Ertrag bringt. Die Beschreibung und Einführung zentraler SAM-Prozesse, die mit den definierten Rollen und Verantwortlichkeiten aus dem SAM-Fundament verknüpft werden, legen den Grundstein für eine „lebendige" SAM-Organisation. Mit klaren Arbeitsanweisungen und definierten Personen, die diese Arbeitsanweisungen befolgen, werden sowohl die generelle Com-

---

[122] Vgl. Concessau, Why focus on Software License Management, S. 22

[123] Aus wissenschaftlicher Sicht kann diese Aussage nicht überprüft werden. Es handelt sich dabei wie bei jeder anderen Geschäftstransaktion um den Verhandlungsspielraum zwischen den Partnern, der durch eine positive Beziehung aufgebessert werden kann.

pliance als auch alle Kompetenzen im Bereich der Richtlinien & Prozesse im SAM-Reifegradmodell um mindestens eine Reifegradstufe erhöht. Insbesondere die Beschaffungsprozesse und die Prozesse aus dem IMAC-Umfeld haben in der SAM-Standardisierung einen besonderen Stellenwert. Durch die erstmalige Auseinandersetzung mit Daten und Informationen, die für das Software-Asset-Management relevant sind, wird eine weitere wichtige Stütze aufgebaut und gestärkt. Das Kapitel „Daten und Tools" hat ein Konzept vorgestellt, die unterschiedlichen Datenquellen im SAM zu konsolidieren und innerhalb eines SAM-Tools für Managementzwecke zu nutzen. Die Einführung eines SAM-Tools hat direkten Einfluss auf die Kompetenzen der Gruppe „Technologie". Sie fördert gleichermaßen die Transparenz des IT-Bestands (Hardware und Software), beschleunigt eine beginnende Automatisierung der Prozesse, steigert Reporting gegenüber dem Management und ermöglicht eine stärkere Fokussierung auf eine ordnungsgemäße Lizenz-Compliance. Dadurch gewinnt SAM im Unternehmen an Stellenwert und steigt ebenfalls im Reifegrad der internen Verbreitung. Der dritte Baustein der SAM-Standardisierung setzt sich mit den Software-Lieferanten auseinander. Die Konzentration auf die wichtigsten Lieferanten und die Stärkung der strategischen Partnerschaften verschafft den Unternehmen weitere Vorteile und erhöht zeitgleich die Reife der externen Verbreitung. Mithilfe der SAM-Standardisierung können Unternehmen eine gute Ausgangslage für weitere Verbesserungen erreichen und ihre Reife durch die nachfolgende, dritte Stufe des Leitfadens weiter erhöhen. Das folgende Schaubild fasst die untersuchten Komponenten der SAM-Standardisierung und deren Auswirkungen grafisch zusammen.

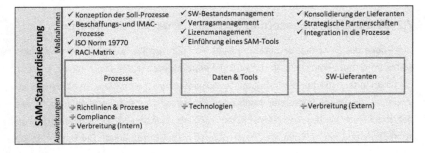

Abb. 25 SAM-Standardisierung[124]

---

[124] Eigene Darstellung

7.3 SAM-Rationalisierung

Die ersten beiden Stufen des Leitfadens beschreiben Schritte wie SAM im Unternehmen eingeführt und verankert werden kann, um das gröbste Risiko auf ein vernünftiges
Maß zu reduzieren. Ab der dritten Stufe, welche in diesem Kapitel im Fokus steht, geht
es um den direkten Mehrwert, der für das Unternehmen durch SAM entsteht. Die Risikominimierung rückt durch die SAM-Rationalisierung weiter in den Hintergrund, die
Kostenoptimierung mehr in den Vordergrund. Im Wirtschaftslexikon wird Rationalisierung folgendermaßen definiert:

„Rationalisierung ist die planmäßige Anwendung technischer, wirtschaftlicher
und/oder organisatorischer Mittel zur Steigerung des wirtschaftlichen Erfolgs.
Durch die Rationalisierung sollen die Kosten für Werkstoffe, Energie und Kapital
sowie für menschliche Arbeitsleistungen verringert werden. Das Ziel ist die Stei-
gerung der Produktivität, der Wirtschaftlichkeit und schließlich der Rentabili-
tät".[125]

Die Kostensenkung und Produktivitätssteigerung im gesamten Software-Asset-
Management wird in der Phase der SAM-Rationalisierung mithilfe von zwei Bausteinen
erreicht. Zum einen werden die in der letzten Phase eingeführten Tools im Rahmen
des Bausteins „SAM-Technologien" nochmals näher untersucht und sowohl miteinander als auch mit den SAM-Prozessen enger gekoppelt. Zum anderen wird Software-
Asset-Management in einen kontinuierlichen Verbesserungsprozess überführt, um
auch nach der anfänglichen Einführung von SAM noch in Zukunft auf Veränderungen
des Marktes entsprechend reagieren zu können und SAM stets daran auszurichten.

7.3.1 SAM-Technologien

Im Kapitel „Daten und Tools" (7.2.2) wurde ein Konzept vorgestellt, wie die unterschiedlichen Datenquellen im Software-Asset-Management zur primären Lizenzdaten-
verwaltung miteinander kombiniert werden können. Dieses Kapitel erweitert den Umfang der SAM-Technologien und setzt den Fokus auf die Integration der SAM-Daten
mit sekundären Datenquellen und Tools. Neben den bereits bekannten Tools zur

- Vertragsverwaltung
- Lizenzverwaltung
- Inventarisierung/ Discovery
- Compliance-Überprüfung (SAM-Logik)

---

[125] Definition nach Rittershofer, Wirtschafts-Lexikon

kommen weitere Tools und Datenquellen hinzu, die sich auf den Software-Lebenszyklus auswirken. Hierzu gehören folgende Technologien mit ihrem jeweiligen Einsatzzweck:[126]

Technologie	Einsatzzweck
Software-Katalog	Katalog für den Endnutzer, um notwendige Hardware und Software auszuwählen
Self-Service zur Beschaffung	Plattform, um aus dem Katalog ausgewählte Assets bestellen zu können
Hardware-Datenbank (CMDB) / Hardware Asset Management	Plattform, die alle Informationen zu betriebenen IT-Anlangen enthält
Softwareverteilung / Client Management	Unternehmensweite Plattform zur zentralen Softwareverteilung
Incident/ Problem/ Change/ Service Request Management (IT-Service-Management)	IT-Service-Management-Tool zum Managen aller IT-Prozesse, z. B. nach ITIL
Workflow-Engine	Zur definierten Steuerung von automatisierten Prozessen

Tab. 15 SAM-relevante IT-Technologien[127]

Die Anbindung von weiteren Technologien an den SAM-Lebenszyklus ermöglicht aussagekräftigere Berichte und qualitativere Compliance-Überprüfungen. Wie genau sich der Mehrwert solcher Anbindungen darstellt, wird anhand eines Vergleichs weiter unten verdeutlicht.

Betrachtet man die reine SAM-Architektur aus der Phase der SAM-Standardisierung, so können bereits Aussagen zur Unternehmens-Compliance und zur allgemeinen Lizenzsituation gemacht werden. Sowohl der Lizenzbestand als auch der Lizenzbedarf werden dort ausgegeben und miteinander verglichen. Die weiteren Datenquellen werden vorerst nicht zur Informationsanreicherung verwendet. Es ergibt sich folgendes Prozessbild bei der Bestellung neuer Hardware und Software:

---

[126] Es werden nur die Technologien aufgelistet, die einen hohen IT-Bezug haben. Technologien und Plattformen wie z. B. zur Anlagenbuchhaltung, etc., die durchaus ebenfalls ihre Relevanz in den SAM-Prozessen haben, werden an dieser Stelle nicht mit einbezogen.

[127] Eigene Darstellung

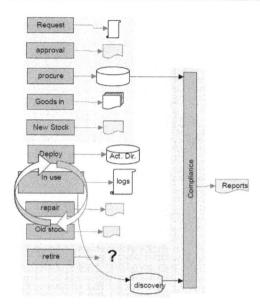

Abb. 26 Datenfluss im SAM-Lebenszyklus I[128]

Die Compliance-Berechnung erfolgt nur aus zwei Datenquellen, der Lizenzbeschaffung und der Softwareinventarisierung. Es erfolgt keine Plausibilitätsprüfung der entstandenen Daten. Die Aussage zur Compliance ist dementsprechend vorsichtig zu betrachten. Im zweiten Anwendungsfall werden die vorliegenden Informationen der anderen Quellen berücksichtigt und die Compliance dadurch verifiziert:

---

[128] Preskett, Software Asset Management, S. 28

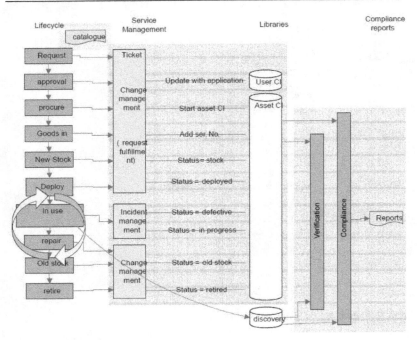

Abb. 27 Datenfluss im SAM-Lebenszyklus II[129]

Dank der Verifizierung der erhobenen Daten wird ein erheblicher Mehrwert geschaffen. Die zusätzliche Überprüfung und der zeitgleiche Abgleich mit der Hardware führt zur Senkung des Lizenzbedarfs. Ungenutzte Software kann durch die Analyse der Nutzungsdaten erkannt und dem Nutzer entzogen werden. Hat der Mitarbeiter eine längere Auszeit genommen (Elternzeit, Krankheit, etc.) wird dies durch die IT-Service-Prozesse festgestellt und die Lizenz bei Bedarf einem anderen Mitarbeiter zur Verfügung gestellt. Weiterhin wirken sich Stilllegungen von IT-Anlagen direkt aus und werden in der Auswertung mitberücksichtigt. Die stillgelegten Anlagen werden sofort aus der Berechnung des Lizenzbedarfs herausgenommen. Andernfalls verbleibt der Lizenzbedarf noch solange, bis die Aufräumprozesse in der Inventarisierungsdatenbank greifen. Durch den angeschlossenen Stilllegungsprozess merkt das System die quantitative Veränderung der Architektur jedoch sofort und die Lizenz kann in den freien Pool transferiert werden. Diese Optimierung senkt die durchschnittlichen Anschaffungskosten, da Lizenzen effizienter verwaltet werden können. Insgesamt kann die Integration von Software-Asset-Management und IT-Service-Management für das Unternehmen

---

[129] Preskett, Software Asset Management, S. 28

noch weitere Synergien und Prozessoptimierungen herbeiführen. Dabei werden sowohl Prozesskosten, als auch SAM-Ausgaben minimiert. Das folgende Prozessschaubild verdeutlicht den obigen Musterprozess aus einer anderen Perspektive:

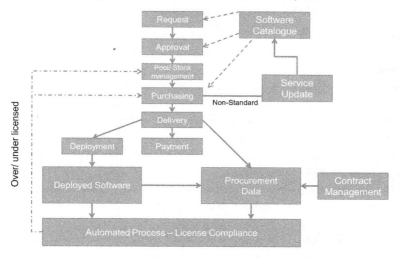

Abb. 28 Effizienter SAM-Prozess[130]

Der hier dargestellte Prozess hat viele Vorteile. Zum einen wird der Service Katalog aus dem IT-Service-Management um Software-Produkte erweitert und kann direkt durch einen Endnutzer verwendet werden. In den Beschaffungsprozess integriert ist eine Überprüfung, ob freie Lizenzen für die gewünschte Software noch vorhanden sind. An diese Bedingung geknüpft befindet sich der eigentliche Einkaufsprozess. Sollten Lizenzen da sein, so muss auch keine Beschaffung erfolgen. Beim Beschaffungspro-zess wird die im späteren Verlauf installierte Software in der Inventarisierungsdaten-bank erfasst und mit den Kaufdaten verknüpft. Der automatisierte Compliance-Prozess kann dabei beide Ausprägungen der Lizenzierung (Überlizenzierung und Unterlizenzie-rung) erfassen und diese Informationen an den Beschaffungsprozess zurückspiegeln. Durch diesen Kreislauf wird eine stets hohe Lizenz-Compliance sichergestellt.

Insgesamt erreichen Unternehmen durch die enge Verzahnung der eingesetzten Technologien mit den betrieblichen Abläufen erhebliche Verbesserungen. Diese wirken sich auf Senkung von Kosten sowie auf die Steigerung der Effektivität und Effizienz aus. Welche Prozesse im ersten Schritt mit welchen Systemen gekoppelt werden, wird

---

[130] Vgl. Preskett, Software Asset Management

sich von Unternehmen zu Unternehmen unterscheiden. Die gezeigten Synergien sind jedoch für alle Unternehmen zu erreichen und bilden ein erstrebenswertes Ziel.

7.3.2 Kontinuierlicher Verbesserungsprozess

In einer Welt, die durch den Wandel bestimmt ist, müssen sich Unternehmen ständig neuen Anforderungen anpassen. Während Lizenznehmer versuchen durch den Einsatz moderner Lösungen und durch Optimierung ihrer Prozesse den Lizenzbedarf zu senken, versuchen die Lizenzgeber ihrerseits durch neue, ausgeklügelte Metriken den Lizenzbedarf auf Seiten der Kunden zu erhöhen. Es entwickelt sich ein andauernder Wettkampf. Unternehmen müssen sich diesem Wettkampf stellen und die Prozesse samt eingesetzter Technik stets auf dem neuesten Stand halten. Dieser stetige Prozess der Verbesserung ist Gegenstand dieses Kapitels. Wie schon im Grundlagenkapitel dargelegt, ist die Erreichung von Compliance nur der erste, einfachere Schritt. Die Hauptherausforderung liegt in der Erhaltung dieser. Genauso verhält es sich mit der SAM-Reife. Ist eine angemessene Reife erst erreicht, so senkt sich das Risiko aber auch zeitgleich der Fokus, bzw. der Druck auf dieses Thema. Unternehmen, die langfristig eine hohe Reife und damit eine hohe Lizenz-Compliance halten wollen, müssen sich mit der kontinuierlichen Verbesserung auseinandersetzen. Kontinuierliche Verbesserungsprozesse sind Bestandteile eines jeden größeren Frameworks, wie z. B. ITIL. Dort unter dem Namen „Continual Service Improvement" erfolgt die Konzentration auf die stetige Optimierung von IT-Services. Wie in ITIL so auch im SAM-Modell basieren alle Aktivitäten der kontinuierlichen Verbesserung auf dem Deming-Kreis.[131] Grundsätzlich gilt für solche Initiativen:

- Man kann nicht steuern, was man nicht kontrolliert

- Man kann nicht kontrollieren, was man nicht misst

- Man kann nicht messen, was man nicht definiert[132]

Die Definition der Zielsetzung ist die Basis der kontinuierlichen Verbesserung. Deswegen ist die Etablierung von regelmäßigen Zielvorgaben auch in der SAM-Organisation der erste Schritt für Unternehmen. Nachfolgend ist ein Verbesserungszyklus aus ITIL dargestellt, der auch auf SAM übertragen werden kann:

---

[131] Detaillierte Beschreibung im Kapitel 2.1.3
[132] Vgl. Beims, IT-Service Management mit ITIL, S. 56

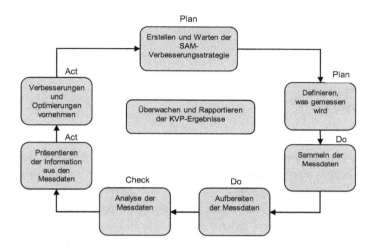

Abb. 29 Kontinuierlicher Verbesserungsprozess[133]

Durch die sieben Schritte im Kreislauf und ein etabliertes Controlling, welches den Zyklus auf die Funktionsfähigkeit überwacht, können Unternehmen ihre SAM-Prozesse langfristig optimieren. Um eine sehr hohe Reife im KVP zu erreichen, muss jeder SAM-Prozess solch einem Verbesserungszyklus regelmäßig unterzogen werden. Für eine hohe Reife ist es weiterhin wichtig sich nicht nur auf die interne Perspektive zu konzentrieren und definierte Key Performance Indicators (KPIs) in der eigenen Organisation zu messen und zu berichten. Da SAM zum großen Teil von den Softwareherstellern abhängt, ist es immens wichtig Veränderungen in dem externen Umfeld zu beobachten und darauf angemessen zu reagieren. Softwareprodukte, Metriken, Lizenzmodelle, etc. ändern sich sehr schnell. Wenn Unternehmen den dafür notwendigen Anpassungs-und Überprüfungsprozess nicht etablieren, wird die Nachhaltigkeit in der Compliance-Einhaltung schwer fallen. Gute Beziehungen zu den Lieferanten (Gegenstand in der SAM-Standardisierung) helfen dabei von den Veränderungen frühzeitig zu erfahren.

7.3.3 Reifegradverbesserung durch die SAM-Rationalisierung

Der Fokus dieser Stufe liegt auf der Verbesserung des Zusammenwirkens von SAM-Prozessen und SAM-Technologien. Die Tools und die eingeführten Prozesse aus der Phase der Standardisierung werden in dieser Stufe zusammengeführt und dadurch

---

[133] Vgl. Kleiner, IT Service Management, S. 250

erhebliche Synergien geschaffen. SAM-Rationalisierung verlagert den Fokus von der Risikominimierung auf die eigentlichen Ziele des SAM[134]:

- Transparenz
- Kostensenkung
- Compliance
- Rechtmäßigkeit

SAM-Rationalisierung wirkt sich in der allgemeinen SAM-Reife sehr stark aus und trägt in vielen Bereichen zu nennenswerten Reifegradverbesserungen bei. Richtlinien und Prozesse sowie die Kompetenzgruppe der Technologie können durch die Rationalisierungsstufe erhebliche Reifegradgewinne verzeichnen. Die gleichnamige SAM-Reife „Rationalisiert" wird spätestens nach dieser dritten Stufe des Leitfadens in beiden Kompetenzgruppen erreicht. Durch den zweiten Baustein, dem kontinuierlichen Verbesserungsprozess, werden die SAM-Abläufe im Unternehmen gestärkt und SAM auf die Zukunft ausgerichtet. Die regelmäßige Prüfung der Prozesse und der Abgleich mit der Strategie des Unternehmens fördern das Business-IT-Alignment und schaffen grundlegende Strukturen für weitere Synergie-Effekte. Mit Abschluss dieser Phase haben die Unternehmen ihre solide Ausgangslage deutlich verstärkt und können von direkten Optimierungen wie Kostensenkungen durch das SAM profitieren.

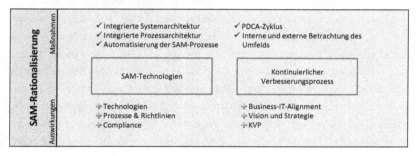

Abb. 30 SAM-Rationalisierung[135]

7.4   SAM-Agilität

„Agility is the ability to be cheaper, better, and faster (more profitable) in a dynamic sea of change."[136]

---

[134] Siehe Kapitel 3

[135] Eigene Darstellung

[136] Goranson, The Agile Virtual Enterprise, S. 69

Mithilfe dieser letzten Stufe des SAM-Leitfadens sollen die Unternehmen in die Lage versetzt werden, all die der Agilität zugeschrieben Fähigkeiten in der obigen Definition, bezogen auf das Software-Asset-Management zu verwirklichen. Es geht darum auf die Herausforderungen der dynamischen Märkte angemessen zu reagieren und das Business mithilfe von optimieren SAM-Prozessen dabei zu unterstützen besser, schneller und effizienter in der Herstellung der Produkte oder in der Erbringung der Dienstleistungen zu werden. Software-Asset-Management bekommt durch die Stufe der SAM-Agilität eine höhere Unternehmensbedeutung und wird als gesamtunternehmerische Disziplin wahrgenommen, die bei der Erreichung der Unternehmensziele ihren Beitrag leistet. Aus diesem Grund geht es in dieser Phase hauptsächlich um die SAM-Strategie, die Richtlinien in denen diese Strategie verfolgt wird und um die Menschen, die sich hinter den Richtlinien, Technologien und Prozessen befinden.

7.4.1 SAM-Strategie

7.4.1.1 Ausrichtung am Business

Wesentliches Ziel der SAM-Agilität ist die notwendige Ausrichtung am eigentlichen Business. Hierzu ist es erforderlich, dass sich die Mission, die Vision und die Unternehmensziele in der SAM-Strategie wiederfinden. Je nachdem in welchem Bereich des Unternehmens das Software-Asset-Management organisiert ist, unterscheidet sich die Ableitung der SAM-Strategie. Bei allen möglichen Organisationsformen ist jedoch eines gleich: Das Vorhandensein und die Kenntnis der globalen Unternehmensstrategie ist eine wesentliche Voraussetzung für die Entwicklung einer SAM-Strategie.[137] Der erste Schritt ist immer eine Analyse der Unternehmensstrategie und der sich daraus ergebenen Auswirkungen auf die SAM-Strategie. Im zweiten Schritt, und hier kommt es auf die organisatorischen Strukturen an, folgt die Analyse der IT-Strategie, der Einkaufs-Strategie oder der Rechts-Strategie, oder sogar eine zusammenhängende Analyse aller Bereiche, die in das SAM involviert sind. Ab diesem Punkt eignet sich das folgende Vorgehen:

1. Die Erarbeitung einer an den Unternehmenszielen ausgerichteten SAM-Strategie

2. Ableitung von Qualitätszielen aus der SAM-Strategie für das jeweilige Jahr

3. Die Konzeption und Implementierung einer darauf aufbauenden technischen und prozessualen Architektur und Infrastruktur

---

[137] Vgl. Tiemeyer, Handbuch IT-Management, S. 42

4. Der Vermarktung und Darstellung des daraus resultierenden Werts für die beteiligten Parteien nach dem SAM-Governance-Modell[138]

Durch diese regelmäßige Anpassung der SAM-Strategie an der Unternehmensstrategie wird der ständige Anpassungsprozess vorangetrieben und das Business in die Lage versetzt agil handeln zu können. Ein praktisches Beispiel aus der Automobilindustrie kann dies verdeutlichen. Ein Automobilzulieferer möchte einen neuen Automobilhersteller als Kunden gewinnen und dadurch seine Marktmacht ausweiten. Der Hersteller hat jedoch bestimmte Anforderungen an die Konstruktionsmodelle und arbeitet nur mit einer bestimmten Software. Sollte der Hersteller als Kunde gewonnen werden, so muss das SAM des Unternehmens dabei helfen diese neuen Anforderungen umzusetzen und die Software innerhalb kürzester Zeit im Unternehmen zu etablieren (Beschaffung, Lizenzierung, Installation, etc.). Die Konsequenz aus diesem Beispiel ist, dass SAM-Verantwortliche sich regelmäßig mit der Unternehmensstrategie auseinandersetzen müssen und daraus ihre eigene Strategie definieren müssen.

7.4.1.2 Die Rolle des Software-Asset-Managements im Unternehmen stärken

Der zweite Aspekt der SAM-Strategie in der letzten Phase des Leitfadens beschäftigt sich mit der Stärkung der internen Rolle des SAMs im Unternehmen. SAM als Organisationsprozess soll nicht nur von den Beteiligten des SAM-Governance-Modells wahrgenommen werden, sondern muss im Bekanntheitsgrad bis zum letzten Mitarbeiter vordringen. Der ordnungsgemäße Umgang mit Software und Softwarelizenzen muss in der Unternehmenskultur verankert werden. Hierfür ist eine Komponente entscheidend. Ein Wandel in der Unternehmenskultur kann nur mithilfe eines Change Managements durchlaufen werden. Im Veränderungsmanagement gibt es drei anerkannte Ebenen, auf die sich Veränderungen auswirken können.

---

[138] Vgl. Tiemeyer, Handbuch IT-Management, S. 23

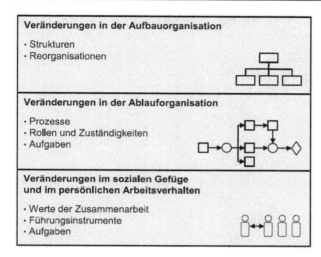

Abb. 31 Drei Ebenen der Veränderung[139]

Zum einen können sich Veränderungen auf die Aufbauorganisation auswirken, wenn z. B. das Unternehmen sich durch einen Zukauf oder Verkauf von Anteilen neu organisiert. Diese Ebene ist für den hier beschriebenen Fall irrelevant. Die zweite Ebene bezieht sich auf Veränderungen in der Ablauforganisation, wenn sich Prozesse, Rollen oder Aufgaben verändern. Diese Veränderung trifft zwar auf die Einführung eines Software-Asset-Managements zu, müsste jedoch schon spätestens in der Phase der SAM-Rationalisierung durchlaufen werden. Die dritte Ebene ist hingegen diejenige, auf die es in der SAM-Agilität ankommt. Die Veränderung im sozialen Gefüge und im persönlichen Arbeitsverhalten. Das Change Management muss voll auf diese Ebene ausgerichtet werden, um eine hohe Mitarbeitersensibilisierung zu erreichen. Ein wichtiges Werkzeug des Change Managements liegt in der Art und Weise der Kommunikation. John Kotter drückt es in seinem Buch folgendermaßen aus: „Ohne eine intensive und glaubwürdige Kommunikation werden Herz und Verstand der Mitarbeiter nicht für die Sache gewonnen."[140] Die Inhalte der Kommunikation sollten nicht auf neue Richtlinien, Aufgaben und Arbeitsanweisungen beschränkt sein, sondern auch alle Beteiligten über die gute oder schlechte Entwicklung des SAM-Programms in Kenntnis setzen.[141] Dennoch bilden Richtlinien die Grundlage des Kulturwandels. Laut einer Studie der Business Software Alliance minimiert sich die Wahrscheinlichkeit einer Nutzung unlizenzier-

---

[139] Stolzenberg, Change Management, S.3
[140] Kotter, Leading Change, 2011
[141] Vgl. Canavan, ISO19770-1:2012, S. 50

ter Software enorm, wenn fest definierte und beschriebene Richtlinien zum korrekten Umgang formuliert sind:

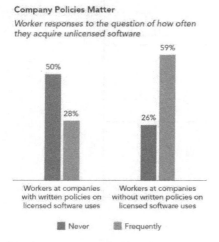

Abb. 32 Auswirkung von Richtlinien auf die Mitarbeiter[142]

Intensive Kommunikation, organisiertes Change Management und SAM-Richtlinien, die die Basis für einen ordnungsgemäßen Umgang mit Software-Lizenzen bilden sind entscheidend bei Stärkung der Rolle des SAMs in einem Unternehmen. Verantwortliche Manager sollten vieles daran setzen, die Mitarbeiter ebenso einzubeziehen wie Führungskräfte, um Kosten und Ressourcen für das Management von Software-Lizenzen zu senken und so mehr Raum für Innovation und Weiterentwicklung des gesamten Unternehmens zu schaffen.

7.4.2 Qualifizierung der Mitarbeiter

Die zweite und letzte Säule der SAM-Agilität widmet sich der menschlichen Komponente bei der Entwicklung einer nachhaltigen SAM-Organisation. Dieser Aspekt steht deshalb am Ende des Leitfadens, weil er in seiner Komplexität und Reichweite einzigartig ist. Die SAM-Prozesse, Technologien und Strategien können oftmals anhand von Best-Practices, Standardmodellen oder externer Expertise eingekauft und eingesetzt werden, solange wirtschaftliche Ressourcen hierfür zur Verfügung stehen. Die Entwicklung der persönlichen Kompetenzen der Mitarbeiter und die Schaffung einer positiven, lernfördernden Umgebung ist eine Aufgabe die viel Fingerspitzengefühl erfordert und nicht mithilfe eines Modells auf die Schnelle eingeführt werden kann, auch wenn ausrei-

---

[142] BSA, The Compliance Gap, S. 3

chend Budget dafür verfügbar wäre. Zwingend vorauszusetzen sind die vorherigen SAM-Stufen des Leitfadens, die SAM als Konzept und Prozess in den Köpfen der Mitarbeiter verankern. Erst wenn die Abläufe automatisiert sind, die Compliance hergestellt ist und das Risiko auf ein vernünftiges Maß reduziert ist, ergeben sich im Unternehmen Ressourcen, die in Weiterbildung und Lernkultur im SAM investiert werden können. Agilität kann nur mit großem Know-How der Mitarbeiter und der Kompetenz sich schnell in neue Themen einarbeiten zu können, erreicht werden. Der Fokus aus Sicht des Unternehmens liegt hier auf den Weiterbildungsmaßnahmen. Es gibt zahlreiche Zertifizierungen und angebotene Schulungen für das Software-Asset-Management im Allgemeinen, aber auch spezialisiert auf bestimmte Software-Hersteller, wie Microsoft, SAP, IBM, etc. Aufgrund der hohen Änderungsrate in den Metriken und den Lizenzmodellen ist ein definierter Schulungszyklus für die im SAM tätigen Mitarbeiter essentiell. Ein weiterer wichtiger Aspekt ist die innerbetriebliche Weiterbildung, beispielsweise nach einem Mentoring-Modell. Erfahrene Software-Asset-Manager teilen ihr Wissen mit jüngeren Kollegen, die in das SAM eingearbeitet werden. Hierzu ist es von wesentlicher Bedeutung, dass ein Wissensmanagement vorhanden ist, indem das ganze Lizenz-und SAM-Wissen generiert und miteinander geteilt werden kann. Zwei weitere flankierende Maßnahmen helfen dabei gute Lizenz- und Software-Asset-Manager auszubilden und im Unternehmen zu halten. Zum einen ist es sehr lukrativ, wenn es für das SAM einen eigens eingeführten Karrierelaufpfad gibt, inklusive Weiterbildungen und Zertifizierungen. Zum anderen ist sicherlich auch eine durch die Personalabteilung definierte Stellenbeschreibung eines Software-Asset-Managers sinnvoll, dessen Aufgaben und Verantwortungen mit der SAM-RACI-Matrix abgestimmt sind. So werden Rollen und Verantwortlichkeiten nicht nur fachlich gefestigt, sondern durch Arbeitsverträge untermauert und garantieren eine hohe Verantwortungskompetenz.

7.4.3 Reifegradverbesserungen durch die SAM-Agilität

SAM-Agilität ist die letzte Stufe des Leitfadens und ist dazu gedacht die SAM-Reife in allen Bereichen auf die Stufe „dynamisch" zu heben. Durch die hier beschriebenen Maßnahmen entwickelt sich das SAM zu einem dynamischen Unternehmensprozess. Der eigentliche Fachbereich, das Business, rückt in der SAM-Strategie immer mehr in den Fokus und ist der eigentliche Entwicklungstreiber. Je nachdem was das Business braucht, das Software-Asset-Management wird es bestmöglich unterstützen und dabei Kosten, Ressourcen und Risiko bezogen auf das Management von Software-Assets auf ein Minimum reduzieren. Agilität und Dynamik des Software-Asset-Managements erlauben es schnell auf äußere und innere Marktveränderungen zu reagieren und dem Business dadurch einen Wettbewerbsvorteil zu verschaffen. Durch den Aufbau und den Erhalt eines qualifizierten Fachpersonals können die geschaffenen SAM-Strukturen langfristig erhalten und weiter optimiert werden. Diese beiden Säulen, die Ausrichtung der SAM-Strategie und die SAM-spezifische Personalpolitik, erlauben es dem Unternehmen in der Kompetenzgruppe der SAM-Governance in allen Kernkompetenzen um mindestens eine Reifegradstufe aufzusteigen. Insbesondere die Vision und Strategie, sowie das Business-IT-Alignment werden durch die Stufe SAM-Agilität erheblich gestärkt. Die hohe Verankerung des SAMs im eigentlichen Business wirkt sich auch auf die Kompetenzbereiche der Verbreitung aus und sichert zusätzlich den kontinuierlichen Verbesserungsprozess des SAMs als Teil der Unternehmenskultur. Dies garantiert eine hohe Effektivität und Effizienz. Hoch qualifiziertes Personal und etabliertes Wissensmanagement unterstützen diese Entwicklung der SAM-Organisation und tragen ebenso ihren Anteil zu der kontinuierlichen Verbesserung bei.

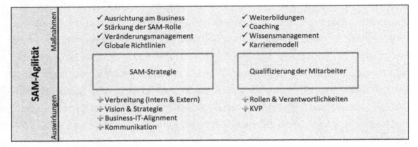

Abb. 33 SAM-Agilität[143]

---

[143] Eigene Darstellung

8   Ausblick und Zusammenfassung

Software-Asset-Management ist noch eine recht junge Disziplin. In der jüngsten Vergangenheit steht diese Disziplin jedoch sehr häufig auf der Agenda der IT-Manager. Ursache sind die sich häufenden Software- und Lizenz-Audits, die für jede IT-Abteilung enorme personelle Belastungen darstellen und in vielen Fällen zu Nachzahlungen aufgrund aufgedeckter Unterlizenzierung führen. An dieser Stelle haben die Unternehmen eine Wahl: Entweder sie stellen sich der Herausforderung und beschäftigen sich intensiver mit dem eigenen Software-Asset-Management, um zukünftig Ressourcen und Ausgaben zu minimieren oder sie akzeptieren das wirtschaftliche und rechtliche Risiko einer Nicht-Compliance. Diejenigen, die das Risiko akzeptieren und aussitzen wollen, werden in der Zukunft mit noch größeren Hürden konfrontiert. Neue Technologien und Konzepte, wie Cloud-Computing, Bring-Your-Own-Device, Everything-as-a-Service und neue Formen der Virtualisierung werden die zukünftige Geschäftswelt bestimmen. Unternehmen können sich vor dieser Entwicklung nicht verschließen und werden sich mit diesen Themen früher oder später auseinandersetzen müssen, um in dem globalen Markt mithalten zu können. All diese Entwicklungen bringen neue Formen der Lizenzierungen mit sich, die zusätzlich zu den klassischen Lizenzmodellen verwaltet werden müssen. Unternehmen, die sich mit SAM nicht beschäftigen wollen, werden diese Herausforderungen schlicht nicht meistern können und dem Druck der Entwicklung schließlich nachgeben.

Viele Unternehmen stehen heute schon an dieser Abzweigung und entscheiden sich für eine langfristige Sicherung ihres Geschäftserfolgs, indem sie von den neuen Technologien profitieren und die Lizenzsituation dennoch im Griff haben. Genau für diese Unternehmen liefert die vorliegende Masterthesis eine Hilfestellung. Aktuelle Marktherausforderungen werden beleuchtet und Grundlagen des Software-Asset-Managements mit den Gefahren, Zielen und Potentialen vorgestellt. Ein SAM-Reifegradmodell wird aus den vorhandenen Standards hergeleitet und Unternehmen als Werkzeug zur Bewertung der eigenen Reife zur Verfügung gestellt. Anhand des Reifegradmodells wissen Unternehmen welche Richtung sie einschlagen müssen, um für alle zukünftigen Lizenzherausforderungen vorbereitet zu sein. Der Weg, der sie in diese Richtung führt, wird als Hauptbestandteil der Arbeit in Form eines stufenbasierten Leitfadens, dem „SAM-Haus", dargelegt. Das SAM-Haus hat nicht den Anspruch die perfekte Lösung für alle Unternehmen zu liefern. Es beschreibt nicht die Details wie SAM organisiert werden soll, wie Prozesse genau aussehen und welches Tool zu nutzen ist. In dem vorgeschlagenen Weg werden die wichtigsten Etappen erläutert und Bausteine genannt, die für eine nachhaltige Entwicklung zwingend erforderlich sind. Hierzu gehört auch die Einhaltung bestimmter Reihenfolgen. Der Einsatz eines SAM-Tools führt erst dann zur Verbesserung, wenn vorher die verantwortlichen Personen und die dahinterliegenden Prozesse definiert worden sind. Insgesamt basiert das SAM-Haus auf vier Entwicklungsstufen. Die Stufenbezeichnungen geben die Bedeutung der jeweiligen Stufe in Bezug auf das SAM im Unternehmen wieder. In den einzelnen Stufen werden Module samt ihrer Maßnahmen und ihrer Auswirkungen auf die SAM-Reife vorgestellt. Unternehmen können für sich entscheiden, ob ein genanntes Modul bereits gänzlich implementiert ist, oder unter Umständen Teilaspekte bisher nicht berücksichtigt worden sind und nachgeholt werden müssen. Mit der vollständigen Umsetzung des SAM-Hauses wird eine hohe SAM-Reife erreicht, die die Unternehmen für die Zukunft stärkt.

Unabhängig von den neuen Technologien und den komplexen Metriken, die den Markt der Zukunft bestimmen werden, wird das Software-Asset-Management darauf vorbereitet sein. Die vorgestellten Maßnahmen, die eingeführten Verbesserungsprozesse sowie das hohe Compliance-Bewusstsein stellen diese Entwicklung sicher. Zusammenfassend wird zum Schluss das komplette SAM-Haus abgebildet und die Ergebnisse auf einen Blick präsentiert:

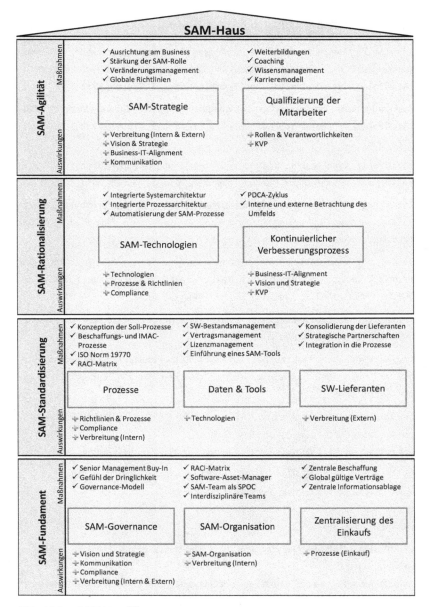

Abb. 34 Das SAM-Haus[144]

---

[144] Eigene Darstellung

Literaturverzeichnis

Ammann, Thorsten; Klett, Detlef: Rechtssicheres IT-Lizenzmanagement, in: Hoffmann, Mathis; Kitz, Volker; Leible, Stefan (Hrsg.): IT-Compliance – IT und öffentliche Sicherheit – Open Source, Stuttgart: Richard Boorberg Verlag, S. 72 – 93, 2009.

Baskarada, Sasa.: Information Quality Management Capability Maturity Model, 1st Edition, Wiesbaden: Vieweg+Teubner, 2009 (Zugl. Dissertation, University of South Australia, 2008)

Bayer, Franz; Kühn, Harald (Hrsg): Prozessmanagement für Experten – Impulse für aktuelle und wiederkehrende Themen, Heidelberg: Springer Gabler, 2013.

Becker Jörg; Niehaves, Björn; Knackstedt, Ralf: Bezugsrahmen zur epistemologischen Positionierung der Referenzmodellierung, Konferenzbeitrag: Proceedings oft he 8th GI Workshop „Referenzmodellierung 2004" at MKWI 2004, Münster, 1-13

Becker, Jörg; Knackstedt, Ralf; Pöppelhaus, Jens: Entwicklung von Reifegradmodellen für das IT-Management – Vorgehensmodell und praktische Anwendung, in WIRTSCHAFTSINFORMATIK, Juni 2009, Band 51, Ausgabe 3

Beims, Martin: IT-Service-Management in der Praxis mit ITIL, 3., aktualisierte Auflage, München: Carl Hanser Verlag, 2012.

Brügge, Bernd; Dutoit, Allen H.: Objektorientierte Softwaretechnik- Mit Entwurfsmustern, UML und Java. 2. Überarbeitete Auflage, München: Pearson Education Deutschland GmbH, 2004.

BSA (Business Software Alliance), 2009, „Gefährden Sie nicht Ihr Unternehmen – So gewährleisten Sie die Lizenzierung Ihrer Software"
<http://vibrio.eu/upload/BSA/GUIDE/Gefaehrden_nicht.pdf>   (04.12.2014)

BSA (Business Software Alliance), 2009, „Software Asset Management – Ensure license comlliance, reduce risk, and increase IT saving"
<http://www.bsa.org/country/~/media/Files/Tools_And_Resources/Guides/SoftwareMa nagementGuide/2009/SAM_en.ashx> (04.12.2014)

BSA (Business Software Alliance), Juni 2014, „The Compliance Gab – BSA Global Software Survey"
<http://globalstudy.bsa.org/2013/downloads/studies/2013GlobalSurvey_Study_en.pdf> (04.12.2014)

Canavan, Rory: ISO19770-1:2012 SAM Process Guidance – A kick-start to your SAM programme, Cambridgeshire: IT Governance Publishing, 2012.

Concessao, Roshan: Why focus on Software License Management? – A smart Guide based on Case Studies, Version 4.0, o.O: Infage, 2013.

Daniel, Klaus: Managementprozesse und Performance: Ein Konzept zur reifegradbezogenen Verbesserung des Managementhandels. 1. Auflage, Wiesbaden: Gabler Verlag, 2008.

Deas, Andy; Markowitz, Travis; Black, Eli; Januar 2014, "Software Asset Management – High Risk, High Reward" <http://www.isaca.org/chapters1/phoenix/events/documents/deloitte-software-asset-management-01-30-2014.pdf> (28.11.2014)

Dietzfelbinger, Daniel: Praxisleitfaden Unternehmensethik. Kennzahlen, Instrumente, Handlungsempfehlungen, 1. Aufl., Wiesbaden: Gabler 2008.

Falk, Michael: IT-Compliance in der Corporate Governance – Anforderungen und Umsetzung, Wiesbaden: Springer Gabler, 2012 (zugl. Dissertation Justus-Liebig-Universität Gießen, 2012).

Gartner, o.V.: „IT Glossary – SAM (software asset management)" <http://www.gartner.com/it-glossary/sam-software-asset-management>(16.01.2015), 2013.

Goranson, Ted: The Agile Virtual Enterprise: Cases, Metrics, Tools; London: Greenwood Publishing Group, 1999.

Groll, Torsten: 1x1 des Lizenzmanagements – Praxisleitfaden für Lizenzmanager, München: Carl Hanser Verlag, 2009.

Härtel, Eugen: Praktischer Leitfaden – Einführung und Entwicklung des IT Projektmanagements, Projektarbeit zur Erlangung des Mastergrades, Fachhochschule Köln/ Fachhochschule Dortmund, 2014.

Hauschka, Christoph E.: Corporate Compliance – Handbuch der Haftungsvermeidung im Unternehmen, 2., überarbeitete und erweiterte Auflage, München: Beck, 2010.

Johannsen, Wolfgang; Goeken, Matthias: Referenzmodelle für IT-Governance – Methodische Unterstützung der Unternehmens-IT mit COBIT, ITIL & Co; 2. aktualisierte und erweiterte Auflage, Heidelberg: dpunkt.verlag, 2011.

Kleiner, Fritz: IT Service Management – Aus der Praxis für die Praxis, Wiesbaden: Springer Vieweg, 2013.

Kotter, John P.: Leading Change – Wie Sie Ihr Unternehmen in acht Schritten erfolgreich verändern, München: Vahles, 2011.

Kotter, John P.: Leading Change, Boston: Harvard Business School Press, 1996.

Kozlova, Elizaveta; Hasenkamp, Ulrich: IT-Systeme in der Rechnungslegung und ent-
sprechende Prüfungsanforderungen. Rechtliche Rahmenbedingungen: Aktueller Stand
und Perspektiven, in: eOrganisation, Hrsg. von Oberweis, Andreas, Karlsruhe: Univ.-
Verlag, 2007.

KPMG, 2009, "Software Asset Management – Mitigating Risk and Realizing Opportuni-
ties"<
https://www.kpmg.com/CN/en/IssuesAndInsights/ArticlesPublications/Documents/Softw
are-Asset-Management-Risk-Opportunities-O-200911.pdf> (04.12.2014)

Krcmar, Helmut: Informationsmanagement, 4. Auflage, Heidelberg: Springer, 2005.

Krcmar, Helmut: Informationsmanagement, 5. Auflage, Heidelberg: Springer, 2010.

Lang, Michael: Innovationsorientiertes IT-Management – Ansätze zur Förderung von
IT-basierten Geschäftsinnovationen, Hamburg: Verlag Dr. Kovac, 2011 (Zugl. Dissertation, Universität Erlangen-Nürnberg, 2010)

Mangiapane, Markus; Büchler, Roman P.: Modernes IT-Management – Methodische
Kombination von IT-Strategie und IT-Reifegradmodell, Wiesbaden: Springer Vieweg,
2015.

Mann, Stephen; 03.04.2013: "Software Asset Management in 2013: State of SAM Survey Results" <http://blogs.forrester.com/stephen_mann/13-04-03-
software_asset_management_in_2013_state_of_sam_survey_results> (07.12.2014),
2013.

Microsoft, 2010, "SAM Optimization Model"
<https://www.microsoft.com/sam/en/us/optmodel.aspx> (13.02.2015)

OGC (Office of Government Commerce): ITIL - Planning to Implement Service Management, London: The Stationery Office, 2002.

Preskett, Ian, o.J., "Software Asset Management (SAM) and ITIL Service Management
– together driving efficiency" < http://www.bcs.org/upload/pdf/smsg-180411.pdf>,
(28.12.2014)

Rath, Michael: Law and Order: Was ist IT-Compliance?, in Computerwoche 11/2007,
S. 54

Rittershofer, Werner: Wirtschafts-Lexikon, 4. Auflage, Beck-Wirtschaftsberater im dtv,
München: Deutscher Taschenbuchverlag, 2009.

Schiefer, Helmut; Schitterer Erik: Prozesse optimieren mit ITIL - Abläufe mittels Prozesslandkarte gestalten – Compliance erreichen und Best Practices nutzen mit ISO 20000, BS15000 & ISO 9000; 2., überarbeitete Auflage, Wiesbaden: Vieweg+Teubner, 2008.

Schneider, Uwe H.: Compliance als Aufgabe der Unternehmensleitung, in: ZIP - Zeitschrift für Wirtschaftsrecht, 15/2003, S. 645–650

SEI (Software Engineering Institute): CMMI for Services – Improving processes for providing better services, Version 1.3, Hanscom: Carnegie Mellon, 2010.

Stahl, Hans Ludwig: IT-Sicherheit – Grundlagen des IT-Risikomanagements, Lerneinheit für den Master-Verbundstudiengang Wirtschaftsinformatik der Fachhochschulen Dortmund und Köln, Hagen, 2010.

Stolzenberg, Kerstin; Heberle, Krischan: Change Management - Veränderungsprozesse erfolgreich gestalten – Mitarbeiter mobilisieren. Vision, Kommunikation, Beteiligung, Qualifizierung; 3., überarbeitete Auflage, Heidelberg: Springer-Verlag, 2013.

Tiemeyer, Ernst (Hrsg.): Handbuch IT-Management – Konzepte, Methoden, Lösungen und Arbeitshilfen für die Praxis; 4. Überarbeitete und erweiterte Auflage, München: Carl Hanser Verlag, 201.1

Wandtke, Artur-Axel, u.a.: Praxiskommentar zum Urheberrecht: UrhR, 3. Auflage, München: Beck, 2008.

Wecker, Gregor: Compliance in der Unternehmenspraxis – Grundlagen, Organisation und Umsetzung, Hrsg. von Ohl, Bastian, 3. Auflage, Wiesbaden: Springer Gabler, 2013.

Anhang

Beispielhafte Darstellung eines Prozesssteckbriefs:

Prozessbeschreibung

Im Rahmen der Prozesssteuerung wird die interne Ablauforganisation der IT Service Organisation einer kontinuierlichen Verbesserung zugeführt. Die Verbesserungen beziehen sich auf folgende Gesichtspunkte:

- Befähigung der IT Service Organisation im Hinblick auf
  - Erreichung der durch die Geschäftsleitung gesetzten Ziele
  - Umsetzung von Strategien und Richtlinien
- Effizienz im Umgang mit Ressourcen
- Effektivität in der Regelung der notwendigen Arbeitsabläufe

Im Rahmen der Prozesssteuerung werden

- die von den Prozessverantwortlichen festgelegten Kennzahlen überwacht (Monitoring)
- die einzelnen Prozesse regelmäßig auf Schwachstellen und Verbesserungspotentiale überprüft (Assessments und Audits)
- Prozessverbesserungen ausgearbeitet und zusammen mit den Prozessverantwortlichen umgesetzt

Nutzen und Wirkung

Prozesse sind ständigen Veränderungen unterworfen. Diese Veränderungen können gewünscht sein (z.B.: um geänderte Rahmenbedingungen zu kompensieren) oder versehentlich geschehen.

Durch die Prozesssteuerung werden die Änderungen an der internen Ablauforganisation gesteuert und koordiniert. Durch die Prozesssteuerung wird zum einen eine kontinuierliche Verbesserung der IT Service Organisation gefördert und zum anderen sichergestellt, dass das Zusammenspiel der Prozesse durch Änderungen / Verbesserungen an einzelnen Abläufen nicht gestört wird.

Verantwortlichkeiten	Kennzahlen
<ul><li>Sicherstellung von periodischen Messungen der Prozesse</li><li>Durchführung von Assessments und Audits</li><li>Auswertung der Messungen, Audits und Assessments</li><li>Ausarbeiten von Prozessverbesserungen</li><li>Einführung von Prozessanpassungen</li><li>Assessment der Gesamtorganisation</li></ul>	<ul><li>Bewertung der Organisation entsprechend EFQM</li><li>Akzeptanz des Workflow (Ergebnisse werden unter Verwendung der Workflow-Funktionalitäten erzeugt)</li><li>Impact der Prozesssteuerung auf den Geschäftsablauf</li><li>Anzahl und Qualität der vorgeschlagenen Maßnahmen</li></ul>

Auslöser	Subprozesse	Arbeitsergebnisse	Rollen
<ul><li>Periodisch</li><li>Änderungen an Zielen, Strategien oder Richtlinien</li><li>Gesetzesänderungen</li></ul>	<ul><li>Kennzahlen überwachen</li><li>Prozess steuern</li><li>Kennzahlen Reporting durchführen</li><li>Anforderungserfüllung überwachen</li><li>Self-Assessment durchführen</li><li>Prozessreporting durchführen</li><li>Prozess ändern</li></ul>	<ul><li>Prozessbericht</li><li>Maßnahmen Katalog</li><li>Prozess-dokumentation</li><li>Workflow</li><li>Assessment Bericht</li></ul>	<ul><li>Prozess-verantwortlicher</li><li>Qualitätsmanager</li><li>Organisator</li></ul>

Abb. 35 Prozesssteckbrief[145]

---

[145] Entnommen aus: Schiefer, Prozesse optimieren mit ITIL, S. 28

www.ingramcontent.com/pod-product-compliance
Lightning Source LLC
LaVergne TN
LVHW092337060326

832902LV00008B/688